The Crazy Chicken Lady's ACTIVITY BOOK

Nola Lee Kelsey
Amy DeBaun

Soggy Nomad Press
North Las Vegas, Nevada

ISBN: 978-1-957532-27-1

www.SoggyNomadPress.com

Cover design by Nola Lee Kelsey

Table of Contents

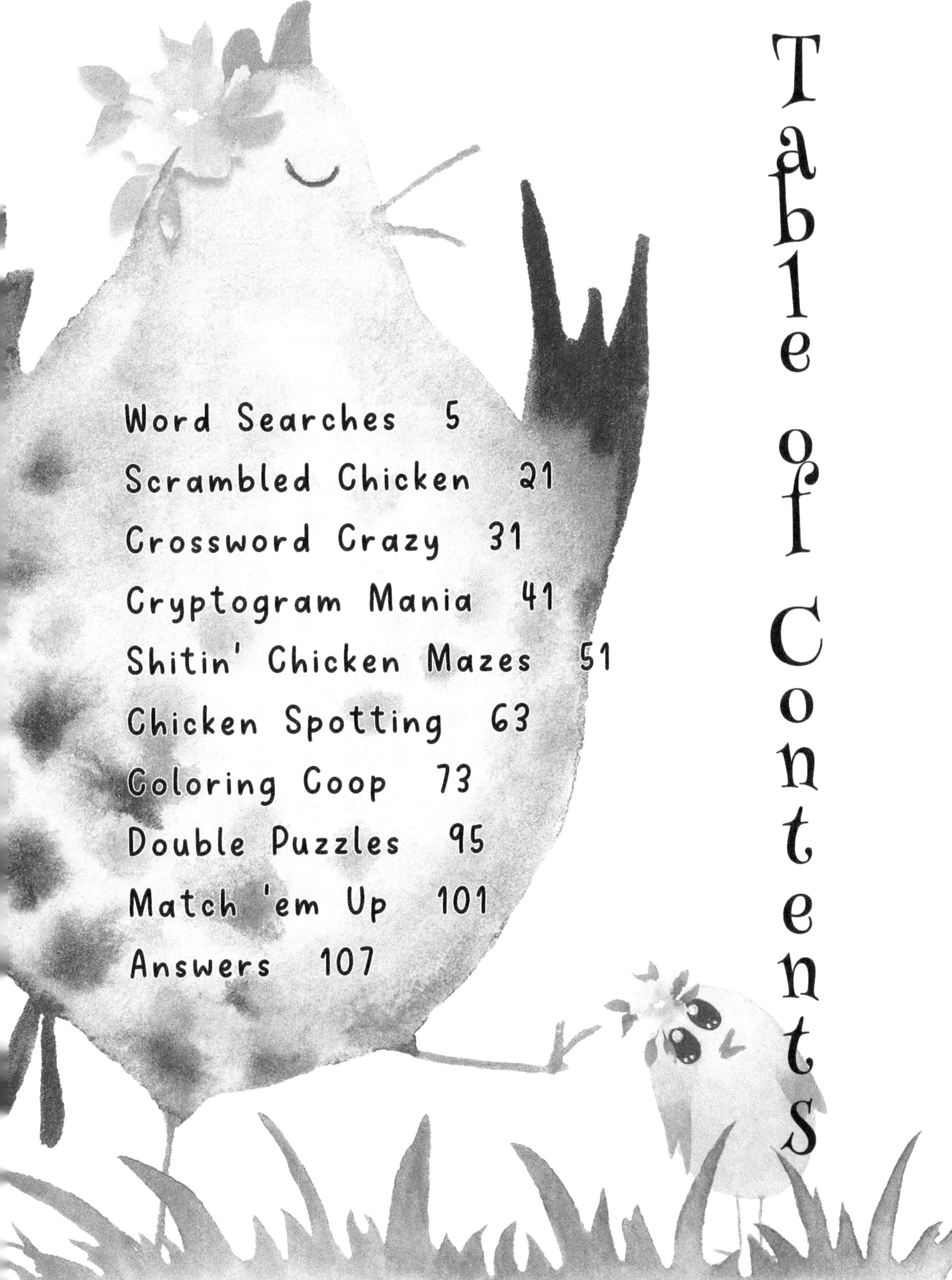

"If I didn't start painting,
I would have raised chickens."

- Grandma Moses

Word Searches

Word Search #1

Chicken Chatter

U	V	Q	N	S	Z	E	M	S	L	T	S	G	G	D	W	R	A
Z	B	M	A	X	Q	M	J	K	V	R	C	C	B	G	Y	X	A
B	H	M	N	P	R	R	F	O	N	I	C	H	B	M	L	L	R
B	F	P	J	A	Q	O	V	M	H	L	Y	N	N	U	P	T	T
U	P	F	L	J	V	L	I	A	Q	L	H	W	J	R	X	U	Y
C	N	A	H	U	X	L	L	Z	O	I	E	O	W	M	Y	C	T
K	W	F	R	B	Q	C	B	O	H	N	U	J	Q	E	Q	K	C
B	P	A	C	T	A	A	C	V	F	G	W	C	I	R	Y	T	R
U	B	J	R	R	F	L	M	I	K	K	O	G	W	I	Q	U	O
C	S	R	K	N	O	L	X	C	H	I	R	P	I	N	G	C	W
K	Q	G	O	M	I	W	A	N	R	R	E	T	O	G	D	K	I
B	U	M	L	O	O	N	I	L	C	E	W	J	N	O	K	D	N
U	A	U	Y	O	D	B	G	N	P	M	I	U	V	C	A	Y	G
C	W	X	U	C	X	Y	Q	K	G	B	D	D	U	U	Z	K	Z
K	K	Y	Z	I	F	X	S	U	L	N	S	L	R	Y	Q	Q	W
B	I	X	G	R	O	W	L	L	F	T	C	R	L	S	D	Y	E
J	N	Q	A	A	D	A	N	G	E	R	U	B	S	F	M	A	F
R	G	P	H	J	Z	W	Z	D	D	P	S	F	S	G	Q	Q	T

ALARM
BUCKBUCKBUCK
CLUCK
CROWING
GROWL
PEEP
ROLLCALL
TRILLING
WARNING
BROODY
CHIRPING
COO
DANGER
MURMERING
PURR
SQUAWKING
TUCKTUCK

Word Search #2

All Geared Up

R	Q	C	J	J	M	K	F	D	S	R	E	R	E	T	A	W	R
S	U	P	P	L	E	M	E	N	T	G	J	X	U	L	O	C	I
T	I	B	K	S	T	A	E	R	T	B	B	W	I	P	R	A	L
B	B	N	J	T	R	E	T	E	M	O	M	R	E	H	T	B	T
Q	L	D	C	A	R	X	M	S	O	M	Q	Q	O	N	H	S	Y
J	H	S	E	U	B	O	U	N	Q	I	Y	R	V	X	B	R	I
P	A	E	N	G	B	A	J	U	K	H	Y	E	Q	R	Z	B	Z
S	R	J	J	O	G	A	C	R	X	E	V	N	E	T	G	A	Y
I	J	O	B	A	T	B	T	X	N	A	G	D	E	I	O	V	F
P	G	X	B	E	Z	R	W	O	V	T	E	N	W	T	I	F	K
S	N	G	Q	I	Q	N	A	P	R	E	B	Y	I	T	H	A	X
X	I	D	F	U	O	S	I	C	F	R	B	C	A	R	A	L	F
P	D	H	T	A	D	T	P	G	W	X	U	M	E	D	Y	T	Q
E	D	K	A	A	S	E	I	M	A	E	I	Z	Q	U	U	S	X
O	E	K	G	H	L	D	A	C	A	N	U	A	L	B	E	L	V
K	B	V	P	Y	L	J	H	A	S	L	G	N	J	U	R	S	U
Q	T	E	R	E	D	O	O	R	B	C	Y	G	G	G	O	G	U
L	E	L	E	C	T	R	O	L	Y	T	E	S	W	Z	Q	V	Z

BEDDING
CARTONS
FEEDER
INCUBATOR
PROBIOTICS
SUPPLEMENT
THERMOMETER
VITAMINS

BROODER
ELECTROLYTES
HEATER
LAMPS
RUNS
SYRINGE
TREATS
WATERERS

Word Search #3

Random Acts of Chicken

A	C	M	G	H	S	W	N	U	C	I	D	Z	N	A	P	X	C
L	Y	X	T	H	S	C	T	A	T	E	J	U	P	Y	I	J	N
M	T	E	H	Y	A	R	N	W	Z	Z	L	E	N	A	O	E	O
A	J	I	T	D	S	D	Z	I	D	P	Y	W	B	L	M	V	Z
H	E	E	T	N	L	C	L	R	D	N	O	L	E	A	M	O	P
J	B	E	T	I	H	I	O	D	P	D	V	I	T	B	G	T	Q
S	N	K	N	D	T	P	E	Q	G	U	S	O	K	M	L	I	X
E	F	G	Q	R	P	T	K	H	Y	N	D	R	P	A	Y	X	J
B	G	N	E	I	O	U	E	F	Z	E	W	O	U	J	E	R	N
N	L	F	N	O	M	W	E	O	C	W	A	B	Z	P	E	F	Y
O	I	G	B	E	X	S	L	L	X	U	T	T	S	B	S	X	T
G	S	A	D	C	X	N	U	B	L	J	T	N	U	V	S	W	N
H	Q	X	R	O	V	T	Z	C	O	W	L	A	D	G	A	M	A
F	R	V	P	T	C	Y	Z	Q	K	T	E	W	S	K	C	N	B
V	D	J	G	H	S	E	H	B	L	C	S	P	N	Y	I	S	E
V	D	U	S	T	I	N	G	T	W	H	S	T	C	H	R	T	T
N	C	Y	T	I	L	I	B	A	H	C	T	A	H	P	F	L	I
V	S	F	T	Q	J	U	N	O	I	T	C	A	P	M	I	M	J

BANTY
CANDLING
DOWN
DUSTING
FRICASSEE
IMPACTION
KEEL
POX
STRAIN

BOOTED
CLUTCH
DROPPINGS
FERTILIZED
HATCHABILITY
JAMBALAYA
NEMATODE
SPURS
WATTLES

Word Search #4

Speaking of Feathers

S	A	K	O	U	D	B	H	H	A	A	X	H	N	E	T	G	L
E	X	T	D	V	H	W	E	L	E	L	K	C	A	H	P	I	F
C	N	E	M	C	A	P	Z	Q	R	C	H	L	S	S	J	I	Q
O	X	S	C	S	C	U	K	Y	O	K	K	L	P	A	A	M	X
N	F	S	M	E	K	I	B	D	P	K	M	I	M	D	H	G	W
D	F	T	S	L	L	X	T	A	G	R	T	P	W	D	V	T	F
A	F	R	A	K	E	C	R	Y	R	B	I	M	E	L	G	O	R
R	O	E	O	C	B	F	U	D	W	B	F	M	N	E	F	Z	I
Y	R	V	G	I	Z	S	F	B	U	S	G	W	A	C	R	N	Z
T	T	O	E	S	I	R	J	U	F	H	J	E	V	R	M	V	Z
X	V	C	U	L	B	B	P	B	L	A	Y	U	H	X	Y	U	L
D	Z	P	K	T	L	K	O	Q	G	F	L	T	W	I	N	Q	E
L	A	I	X	A	C	O	B	R	K	T	L	L	Q	R	J	U	G
Q	E	S	N	O	T	A	V	B	A	F	P	S	M	P	M	I	O
U	M	Z	V	E	T	R	Y	O	C	C	T	X	E	W	M	O	V
O	C	Q	D	Y	V	K	Y	Z	S	U	H	Q	H	Q	X	L	T
C	K	S	U	V	L	L	I	U	Q	F	V	I	G	Q	T	A	Q
E	G	T	P	E	L	U	B	R	A	B	U	H	S	U	C	J	Z

AXIAL
BARBULE
COVERTS
FRIZZLE
PRIMARY
RACHIS
SECONDARY
SICKLES
VANE

BARB
BOOTED
FLUFF
HACKLE
QUILL
SADDLE
SHAFT
SILKIE

Word Search #5

Punny Words

Q	A	C	O	O	P	D	U	J	O	U	R	P	W	L	D	N	Y
N	C	B	B	W	S	O	E	G	G	S	P	L	O	R	E	R	O
J	D	O	I	B	T	P	L	W	I	J	K	T	E	U	T	G	I
E	F	M	Q	X	E	W	C	N	J	L	S	G	D	S	L	N	F
K	Z	A	X	C	Z	K	K	R	I	O	G	W	I	S	D	U	Q
W	J	S	K	S	Z	D	Y	V	J	S	K	E	H	X	E	B	C
J	N	N	U	T	S	L	A	D	A	H	G	E	T	L	G	V	O
C	I	D	V	I	G	D	M	M	S	Y	N	R	Y	O	G	H	O
C	W	F	U	X	P	D	I	R	R	V	P	B	G	S	S	E	P
W	Y	L	F	O	F	N	V	T	E	P	Y	N	V	L	P	N	C
U	R	R	O	R	A	L	L	L	K	C	I	L	E	I	E	D	A
Q	R	C	Y	T	G	U	O	F	C	R	T	C	N	J	L	U	K
O	D	D	I	Q	O	P	Y	J	O	D	P	C	E	M	L	R	E
W	A	O	V	P	E	V	W	N	L	F	E	N	O	B	E	A	S
Y	N	J	V	F	Y	N	G	J	F	N	W	N	C	M	D	N	V
S	T	G	P	M	U	G	F	M	L	D	G	F	H	O	B	C	G
B	Q	I	D	I	E	X	S	F	F	U	C	N	E	H	K	E	Y
A	I	D	E	P	O	L	C	Y	C	N	E	H	T	W	N	E	V

COOPCAKES
COOPDUJOUR
EGGSAMINATIONS
EGGSPLORER
FRYDAY
HENCYCLOPEDIA
HENVELOPE
POULTRYGEIST
COOPDAVIL
EGGNORING
EGGSPELLED
FLOCKERS
HENCUFFS
HENDURANCE
PECKNIC

Word Search #6

Bits and Pieces

F	M	U	T	O	Q	L	N	H	O	J	R	Q	Y	H	L	K	Y
I	L	I	R	T	S	O	N	T	A	V	W	A	P	E	K	R	K
O	M	K	Q	I	Q	X	T	X	J	S	E	X	G	K	U	P	H
R	R	Z	R	Z	F	U	U	H	G	H	T	S	B	D	W	O	T
G	U	G	Q	G	B	U	X	N	O	J	M	E	V	H	Q	U	J
N	D	M	T	P	E	I	I	D	G	D	A	D	R	Y	F	E	R
X	T	B	A	E	A	W	V	S	P	K	K	D	E	T	R	N	P
B	K	D	E	N	R	F	E	D	N	X	E	K	S	Y	J	I	P
L	K	Y	H	A	D	H	N	J	E	A	W	X	Y	F	T	X	C
L	Y	D	R	G	K	Q	T	O	R	N	R	R	D	B	Y	O	S
H	M	B	M	O	C	L	H	L	G	C	P	W	K	E	M	G	R
G	G	O	M	K	I	K	O	T	B	Y	N	G	N	B	F	P	E
O	Z	A	A	A	Y	B	G	R	S	R	H	D	A	J	C	O	H
J	S	W	T	K	E	B	U	Y	B	E	E	J	H	A	C	G	T
Z	K	Z	D	C	T	P	J	Z	X	D	R	V	S	S	H	I	A
Y	L	O	T	O	S	X	G	H	U	Z	U	C	U	G	G	R	E
D	J	E	R	H	O	K	E	L	T	T	A	W	G	N	N	Y	F
I	K	X	E	U	M	V	X	O	Y	J	W	D	X	U	S	X	U

BEAK
COMB
EARLOBE
HOCK
NOSTRIL
SPUR
TUFTS
WATTLE

BEARD
CREST
FEATHERS
LEGS
SHANK
TAIL
VENT
WINGS

Word Search #7

The Eggs Have It

D	V	C	R	K	D	T	T	W	L	J	C	S	Q	X	U	M	J
L	A	M	I	N	O	A	C	I	D	F	L	D	E	S	L	N	F
N	W	M	C	N	J	X	I	J	B	Q	B	A	Z	A	I	V	P
Q	F	O	M	T	I	C	H	A	M	T	Z	H	L	E	E	A	G
F	J	X	H	K	T	O	L	X	P	A	W	U	T	Q	U	F	L
T	P	V	T	I	K	E	W	S	L	S	C	O	A	N	E	L	G
Z	Z	I	F	A	I	R	S	A	C	I	R	A	K	Z	E	L	D
F	D	T	H	G	R	J	H	J	T	P	L	X	R	H	L	J	O
F	I	E	C	C	A	C	D	U	C	C	V	C	S	C	Q	Y	Z
Q	S	L	A	M	E	K	C	M	X	L	E	Y	L	I	R	A	N
K	K	L	L	V	O	L	Z	K	O	I	Q	G	O	B	G	E	J
J	Y	I	C	K	N	D	L	H	A	Q	A	N	M	L	M	S	R
B	J	N	I	A	D	R	K	H	R	U	F	E	F	U	K	O	K
L	H	E	U	X	R	S	B	F	Q	I	S	W	B	C	K	U	E
E	S	P	M	I	R	S	F	U	L	D	K	L	Y	T	J	H	Q
W	R	W	M	Y	F	W	S	S	I	N	A	O	I	O	Y	I	T
C	M	E	M	B	R	A	N	E	G	E	R	M	I	N	A	L	K
U	C	T	V	Q	F	L	X	S	G	C	I	F	X	B	J	W	A

AIRSAC
AMINOACID
CELL
CUTICULA
EMBRYO
LIQUID
PROTEIN
VITELLINE

ALBUMEN
CALCIUM
CHALAZAE
DISK
GERMINAL
MEMBRANE
SHELL
YOLK

Word Search #8

Speaking of Genetics

L	C	O	D	O	M	I	N	A	N	C	E	J	F	H	A	Q	D
P	Y	E	N	A	F	Y	K	T	Y	G	B	I	C	Q	B	E	U
X	D	V	E	K	S	R	B	N	E	D	W	C	K	V	M	B	M
D	E	I	F	S	O	G	N	I	R	P	S	F	F	O	E	S	I
P	V	T	K	D	K	J	Z	Y	Y	N	S	J	S	R	E	W	L
R	I	A	X	B	Z	Y	F	D	V	G	L	O	U	C	A	Q	H
I	S	T	I	A	R	T	Y	G	E	F	M	B	O	H	P	A	E
M	S	I	L	H	T	C	J	N	G	O	E	N	S	D	C	D	T
A	E	T	S	O	O	C	E	P	R	C	D	S	U	E	G	D	E
R	C	N	J	M	C	S	O	H	Z	A	L	T	P	E	O	C	R
Y	E	A	B	O	B	S	C	G	R	E	C	Y	N	M	O	A	O
D	R	U	R	Z	X	L	K	Y	Y	H	T	E	I	H	S	A	Z
Q	I	Q	W	Y	N	W	B	I	Y	O	T	N	Q	C	R	J	Y
I	W	C	E	G	H	Y	P	D	N	I	A	K	K	K	Q	T	G
P	H	E	N	O	T	Y	P	E	C	N	N	W	P	K	M	D	O
B	F	M	Y	U	S	I	G	S	T	A	T	S	D	F	A	P	U
P	J	Z	Q	S	E	M	T	R	H	G	E	A	Y	W	A	T	S
K	P	Y	J	G	W	W	S	S	D	R	U	D	O	B	R	G	D

CHROMOSOME
COMB
GENES
GENOTYPE
HOMOZYGOUS
PHENOTYPE
QUANTITATIVE
SECONDARY
SKIN

CODOMINANCE
DOMINANT
GENETICS
HETEROZYGOUS
OFFSPRING
PRIMARY
RECESSIVE
SHANK
TRAITS

Word Search #9

Rare and Exotic Breeds

C	V	Y	O	A	R	E	Y	A	L	H	T	A	E	D	D	I	U
E	U	O	K	L	Y	P	S	U	M	A	T	R	A	Z	X	U	B
Q	H	R	X	B	R	A	X	J	N	U	W	D	G	H	Y	O	P
B	I	H	O	P	L	E	L	N	X	I	N	E	O	H	P	F	T
A	R	O	A	D	P	L	R	A	A	Z	P	S	A	E	M	T	N
H	O	D	L	M	G	O	H	I	B	H	X	J	Y	W	T	N	S
R	D	E	Z	H	A	Z	K	R	E	U	S	K	T	N	V	A	T
P	A	B	R	U	G	H	A	N	U	T	C	G	R	P	M	I	X
A	G	A	R	H	O	B	O	E	E	W	S	M	N	D	U	G	N
V	A	R	Y	T	A	J	I	K	N	I	E	T	C	A	R	N	K
L	N	P	H	N	G	P	V	T	O	I	A	F	L	Z	L	I	E
O	O	T	T	K	V	J	B	D	Y	Y	P	R	C	A	A	R	L
V	V	E	U	D	O	R	K	I	N	G	Z	M	K	Q	W	U	G
S	R	F	A	V	E	R	O	L	L	E	S	B	A	L	Q	H	Z
K	A	C	N	E	S	E	D	E	N	E	P	R	A	C	Y	T	H
A	W	Y	F	F	O	L	R	O	N	Y	A	H	F	Z	G	W	W
Y	F	S	P	E	R	R	E	I	P	M	A	D	K	G	Z	I	W
A	U	Y	V	R	Z	N	R	E	D	L	E	V	N	E	K	A	L

ALTSTEIRER
BRABANTER

CAMPINE
DAMPIERRE
DORKING
KRAIENKOPP
LANGSHAN
ORLOFF
PENEDESENCA
RHODEBAR
THURINGIAN

CUBALAYA
DEATHLAYER
FAVEROLLES
LAKENVELDER
ONAGADORI
PAVLOVSKAYA
PHOENIX
SUMATRA
YOKOHAMA

Word Search #10

Thinking About Colored Eggs

C	V	Y	O	A	R	E	Y	A	L	H	T	A	E	D	D	I	U
E	U	O	K	L	Y	P	S	U	M	A	T	R	A	Z	X	U	B
Q	H	R	X	B	R	A	X	J	N	U	W	D	G	H	Y	O	P
B	I	H	O	P	L	E	L	N	X	I	N	E	O	H	P	F	T
A	R	O	A	D	P	L	R	A	A	Z	P	S	A	E	M	T	N
H	O	D	L	M	G	O	H	I	B	H	X	J	Y	W	T	N	S
R	D	E	Z	H	A	Z	K	R	E	U	S	K	T	N	V	A	T
P	A	B	R	U	G	H	A	N	U	T	C	G	R	P	M	I	X
A	G	A	R	H	O	B	O	E	E	W	S	M	N	D	U	G	N
V	A	R	Y	T	A	J	I	K	N	I	E	T	C	A	R	N	K
L	N	P	H	N	G	P	V	T	O	I	A	F	L	Z	L	I	E
O	O	T	T	K	V	J	B	D	Y	Y	P	R	C	A	A	R	L
V	V	E	U	D	O	R	K	I	N	G	Z	M	K	Q	W	U	G
S	R	F	A	V	E	R	O	L	L	E	S	B	A	L	Q	H	Z
K	A	C	N	E	S	E	D	E	N	E	P	R	A	C	Y	T	H
A	W	Y	F	F	O	L	R	O	N	Y	A	H	F	Z	G	W	W
Y	F	S	P	E	R	R	E	I	P	M	A	D	K	G	Z	I	W
A	U	Y	V	R	Z	N	R	E	D	L	E	V	N	E	K	A	L

AMERAUCANA
ARAUCANA
BLUE
BROWN
CHOCOLATE
CREAM
EASTER
EGGERS
GREEN
ISBAR
LEGBAR
OLIVE
SPECKLED
WHITE

Word Search #11

Random Bantamness

O	U	L	D	E	T	O	O	B	U	T	G	R	H	F	C	J	P
T	M	H	J	E	Z	C	O	U	W	S	C	R	Z	H	U	A	O
C	R	S	K	Z	I	R	O	S	E	C	O	M	B	W	K	Z	R
F	K	C	A	L	B	B	C	R	A	H	G	V	B	Q	Z	V	C
M	D	V	Z	V	F	D	A	A	P	Y	N	C	H	E	O	N	E
I	R	K	Z	Q	T	M	D	R	A	E	B	Y	J	E	R	S	L
N	I	K	E	P	A	C	H	T	C	W	S	B	A	R	B	U	A
I	A	O	M	O	T	T	L	E	D	H	B	Q	Q	I	E	D	I
U	U	X	K	Z	L	M	R	V	K	S	A	S	D	L	Y	F	N
P	O	Q	R	N	J	V	H	T	E	O	G	B	E	O	W	J	L
G	G	N	E	F	A	B	B	B	Q	S	W	D	O	J	C	G	L
L	Q	Z	L	T	W	I	R	X	I	E	L	U	M	H	E	O	P
N	W	B	N	M	I	I	G	L	F	L	V	M	Z	T	G	U	K
F	R	R	Q	I	G	H	K	L	U	X	C	P	J	L	I	X	Z
B	S	F	I	H	K	I	W	B	E	U	D	Y	O	Y	F	G	I
T	P	Q	T	D	E	N	Z	F	W	B	P	D	U	T	C	H	K
I	M	U	Y	S	H	E	A	S	S	D	L	S	B	Z	Q	A	T
L	S	A	P	Z	U	Q	P	N	X	T	A	U	W	Q	N	J	P

BARBU
BELGIAN
BOOTED
DUMPY
MOTTLED
PEKIN
PYNCHEON
SEBRIGHT
SILKIES

BEARD
BLACK
CHABO
DUTCH
NANKIN
PORCELAIN
ROSECOMB
SERAMA
WHITE

Word Search #12

Brown Egg Layers

E	J	N	D	W	H	D	B	I	E	L	E	F	E	L	D	E	R
A	U	S	U	Y	P	S	O	A	N	U	R	F	N	F	P	O	C
R	R	U	D	A	N	X	P	A	U	R	Z	E	H	X	O	J	T
F	L	S	B	N	B	R	R	E	O	S	Z	K	R	U	R	Q	K
M	R	S	U	D	R	A	S	J	C	R	T	S	J	E	E	A	N
O	I	E	C	O	M	B	B	Q	E	K	B	R	D	A	W	B	W
T	U	X	K	T	Z	C	R	L	T	L	L	L	A	N	V	K	E
T	D	P	E	T	K	R	C	A	R	J	E	E	D	L	C	A	N
P	S	P	Y	E	C	E	W	A	H	V	R	X	D	F	O	C	J
C	R	V	E	V	T	D	T	F	E	M	F	L	C	Y	Z	R	I
I	E	U	Z	N	I	S	U	N	M	Q	A	W	O	Q	Y	X	P
R	L	C	A	W	D	E	R	W	E	L	S	U	M	M	E	R	G
V	Y	H	K	E	O	A	B	K	Q	A	H	M	U	D	W	V	F
D	C	R	R	P	B	V	I	I	B	T	Y	K	T	F	Q	P	B
W	T	P	O	R	P	I	N	G	T	O	N	C	B	R	T	H	X
Q	G	J	W	E	O	G	N	O	Y	S	V	Y	T	Z	S	T	R
W	E	O	R	L	E	L	K	B	P	W	A	C	P	D	N	C	L
A	O	L	S	O	P	D	E	L	A	W	A	R	E	T	L	W	D

AUSTRALORP
BIELEFELDER
BUCKEYE
DELAWARE
MARAN
REDSTAR
SUSSEX
WYANDOTTE

BARNEVELDER
BRAHMA
CHANTECLER
JAVA
ORPINGTON
SPECKLEDY
WELSUMMER

Word Search #13

Around the Barnyard

T	F	W	X	W	S	C	A	R	E	C	R	O	W	P	E	B	K
C	F	A	M	I	L	Y	V	P	Z	D	E	B	R	Y	F	X	I
O	G	W	S	J	R	N	S	T	A	L	L	Y	N	E	Q	M	Z
R	X	G	C	R	C	G	R	D	Y	H	S	K	C	C	X	V	O
R	A	X	V	L	K	O	F	U	T	B	W	I	Y	T	S	C	A
A	Y	O	S	D	G	A	Z	C	A	F	T	N	S	U	H	W	L
L	B	U	C	K	E	T	S	K	G	M	R	W	S	R	L	D	O
B	T	F	W	W	T	G	B	S	Z	I	O	N	T	K	I	A	Z
S	T	Z	K	P	W	B	V	D	V	C	O	D	R	E	V	A	H
H	W	R	I	O	H	I	B	A	R	N	X	F	A	Y	E	Z	N
O	U	S	A	F	M	O	C	O	O	P	S	A	W	H	S	X	Q
V	G	P	Z	C	L	E	R	F	U	N	G	S	R	P	T	W	C
E	Y	J	I	I	T	N	C	S	W	D	L	I	O	B	O	O	D
L	D	P	H	D	B	O	D	E	E	E	R	R	Q	P	C	Z	G
O	C	Z	S	G	P	Y	R	S	I	H	C	L	E	L	K	Z	U
N	M	T	Q	Q	V	O	E	O	E	D	O	G	S	L	I	C	K
Q	E	E	P	M	F	S	J	P	F	T	N	D	C	I	K	V	M
Z	H	L	L	R	A	H	J	J	H	Y	J	S	M	I	D	S	R

BARN
COOPS
COWS
DOGS
FAMILY
HORSE
SCARECROW
STALL
TRACTOR
BUCKETS
CORRAL
CROPS
DUCKS
GOAT
LIVESTOCK
SHOVEL
STRAW
TURKEY

Word Search #14

Time for a Treat

Y	N	V	G	E	Z	B	L	A	C	K	B	E	R	R	I	E	S
G	M	R	S	Q	J	N	F	O	I	T	O	I	W	X	I	K	D
Y	N	P	N	E	P	C	R	S	Z	B	P	R	S	F	N	I	W
I	B	D	U	E	P	T	X	W	T	W	D	T	E	V	L	Y	E
S	M	L	Q	M	N	C	O	R	N	R	O	P	R	G	S	J	M
X	A	N	U	A	P	S	I	K	J	R	A	Y	I	M	A	F	V
Y	D	C	L	E	E	K	G	H	R	C	L	W	R	O	T	N	S
L	B	I	M	P	B	S	I	A	R	H	P	O	B	T	P	N	O
P	C	H	A	W	W	E	C	N	P	A	W	P	V	E	Y	P	C
M	A	R	L	U	D	E	R	Z	C	R	Q	N	V	H	R	C	K
N	G	R	D	M	L	D	H	R	W	D	M	B	C	S	E	R	O
T	P	C	S	W	T	S	W	Q	I	R	K	T	J	C	A	Z	Y
V	J	A	M	L	B	L	G	V	W	E	A	I	U	W	Q	W	E
J	H	D	A	G	E	V	N	H	O	R	S	T	B	E	E	T	L
B	N	F	E	C	T	Y	P	B	C	F	T	X	W	M	Z	O	R
Y	J	F	D	K	A	L	E	S	L	E	O	H	V	P	W	U	E
E	B	X	P	S	I	U	Q	V	L	Y	P	H	Q	S	F	K	J
B	F	A	W	P	X	W	A	T	E	R	M	E	L	O	N	M	V

BEET
BLUEBERRIES
CHARD
CORN
KALE
OREGANO
PUMPKIN
SEEDS
WATERMELON

BLACKBERRIES
CARROTS
CILANTRO
GRAPES
LETTUCE
PARSLEY
SCRATCH
STRAWBERRY
WORMS

Word Search #15

Chick HodgePodge

T	P	R	T	H	V	K	L	V	U	K	M	O	G	P	Y	Y	T
U	E	E	Q	J	Q	I	W	K	N	L	J	X	A	C	S	Q	I
H	A	S	W	B	E	M	A	E	R	D	H	P	O	E	Z	J	F
L	L	J	S	Z	X	G	F	I	G	N	C	M	M	V	I	U	K
K	E	X	Z	O	Z	T	G	Z	C	A	B	R	O	L	H	N	W
D	K	K	B	C	I	B	J	E	D	S	O	C	U	Q	H	G	A
B	T	H	I	G	H	S	O	L	R	F	R	K	J	A	E	L	H
O	O	Q	A	D	C	I	G	Y	I	Y	D	B	T	W	C	E	N
P	R	F	P	T	A	N	C	L	E	R	C	C	F	P	U	F	E
T	O	C	D	O	I	N	L	K	A	A	H	V	U	Y	B	O	K
W	P	V	F	H	U	A	C	Z	E	E	R	J	R	Y	H	W	C
F	H	G	T	N	G	L	Z	E	R	N	S	L	Z	C	B	L	I
E	O	A	N	L	M	I	T	Y	Y	Y	P	V	O	Q	D	Y	H
G	B	O	G	L	G	S	D	R	M	O	L	O	U	B	S	J	C
O	I	D	F	Q	B	A	R	N	Y	A	R	D	X	X	E	T	S
B	A	I	V	W	V	D	C	F	O	E	O	K	M	P	G	S	D
H	A	O	S	D	E	T	A	C	I	T	S	E	M	O	D	D	D
W	E	T	Y	R	A	N	N	O	S	A	U	R	U	S	H	P	F

ALEKTOROPHOBIA
BATHING
CHICKENPOX
DANCE
DREAM
EGGERY
GIZZARD
JUNGLEFOWL
TYRANNOSAURUS

BARNYARD
CHICKENHAWK
COMBS
DOMESTICATED
EARLOBES
GALLIFORMES
HATCHERY
POULTRY

Scrambled Chickens

Scrambled Chickens #1

Decode the chicken hidden in the puzzles.

HGROENL

EWN AMRSHHEIP EDR

HOTWXIR

AAUANRAC

ARRYBADN XMI

RNMOED SNGHALNA

UAAANREACM

TMPYLHUO OKRC

DFEMFU DOL LEIHNGS MEAG

RMSTUAA

HLPOIS

FOLKNOR EYRG

CSTSO PDYMU

TPGIYNEA MFOAIUY

AMOLNHN NWBOR

Scrambled Chickens #2

Decode the chicken hidden in the puzzles.

CNORAIM

ALCAERDN

AKNDAHAKT

ISWSEHD ERWFLO ENH

OSLRVEALFE

HSDWSIE LCBKA ENH

EBOMOSCR

EORHD ANDSLI DRE

PTRNOINGO

YAMA ONKGPMA

ARAOGINDO

ENGRE DGLEGE TRIDEGARP

SSXEUS

NLHDLAO

Scrambled Chickens #3

Decode the chicken hidden in the puzzles.

DEWTOTAYN

RSEIHBERYD ECPDRA

OREHD ADSNLI EIWHT

ILANGBE CE'CUDL

KYOMAOAH

LDO GSHENLI AEGM

YCEBKUE

AEVNLRDEEKL

FLCOIAIANR RYGA

LIISEK

DBIHRY

APENESAJ AATBMN

Scrambled Chickens #4

Decode the chicken hidden in the puzzles.

OYAANG NCHICO

AKDNE EKNC

RNBVADEEERL

IDWSSHE WFEORL ENH

NPOGRNIOT

UELB ENH FO AREWALED

EOBDTO TMBANA

RTLPURASAO

BGTERSIH

RNAEMAIC MEAG

ZRXBUEAIBE

UYACABLA

IRMAENCA NGOL RECOWR

CHYNONEP

Chick Mixer #1

Decode the chicken-centric term hidden in the puzzles.

FYLFUF TSBUT

CENICKH TLLIET

KNCEDEPHE

KICEHNC CDAEN

SALESHDE KINCHCE

HCCKI ANETMG

YNNHE NNYEP

YCRAZ HNCEICK ADYL

YLA NA GGE

EH SI A DOGO GGE

FICGOKHTC

ELGEDFDLF-LYU

IEHKCNC ESLG

IRDB RNBAI

Chick Mixer #2

Decode the chicken-centric term hidden in the puzzles.

LHFA KCEDCO

FEDRUFL MSEO HSERTEAF

KCHEC LKCFI

REOV SYAE

ENH TPAYR

ESTN GEG

YDA DOL KCCHI

A DBA GEG

MBUD KUCCL

AKRC-ETDCIEEHHN

ENH RTIFU

UTJS GWIN TI

EFRE GRENA

Cooks Corner #1

Decode the chicken meal hidden in the puzzles.

VERO SYAE

NNYSU DSEI PU

BADRLECMS GSEG

YIATRKEI IRTS RYF

DFERI TEAKS

DLEONO PSOU

EECURBAB

OTH INSWG

NTESRDE

SRIEFGN

EBRRBU

EFEASCIRS

Cooks Corner #2

Decode the chicken meal hidden in the puzzles.

A AL NGIK

EKIEV

UGSGNET

NPMARASEE

ICHQEU

OPRPNCO KCCNEIH

KTIDMSCRU

RALENGE SOST'

EUCYNKTK EFDIR

EESECH LEMTOE

OTH SWING

EIKNCHC EFTE

DAEHPCO GSEG

A Fowl Mixer

Decode the poultry cousins in the puzzles.

LREACBAN ESGOO

CAKLB ASNW

IREED KDUC

ADGITRREP

AAADCN OSEOG

LDAARLM

MNCOOM IAQLU

ROUEGS

ASMHR ENH

NSFLOIUGEAW

OYVMUCS KCDU

ILDW UKEYTR

HRPWOOE WANS

DRE ULEFNOJWLG

COPCAKE

Crossword Crazy

Crosswords #1 - Who's Who Among Chicken

Start with these coop residency basics.

Across

[1] Hatchling

[2] Female producing eggs

[9] ______ fowl, the mutt of domestic chickens

[10] Adult male

[11] Castrated male

[12] Old woman or young chick

Down

[3] A southern rock chicken

[4] Male under a year

[4] Male over a year

[6] Female under a year

[7] Breed &/or curly feather mutation

[8] Female over a year

Crosswords # 2 - Ready, Set, Lay!

Solve for this collection of Chicken Keeper supplies.

Across

[3] Ground or ______ oyster shell

[4] Gizzard, grain, grinders

[5] Live or dried _____worm treats

[8] Domicile until fledged

[10] Aqua dispenser

[13] Egg receptacle

Down

[1] Beginner chick feed

[2] ______ shavings for bedding

[3] Chick home and garden

[6] Galvanized food dispenser

[7] Colored bulb

[9] Bivalve calcium source

[11] Temp monitor

Crosswords #3 - The Healthy Hen

Solve these terms used in speaking of flock health & wellbeing.

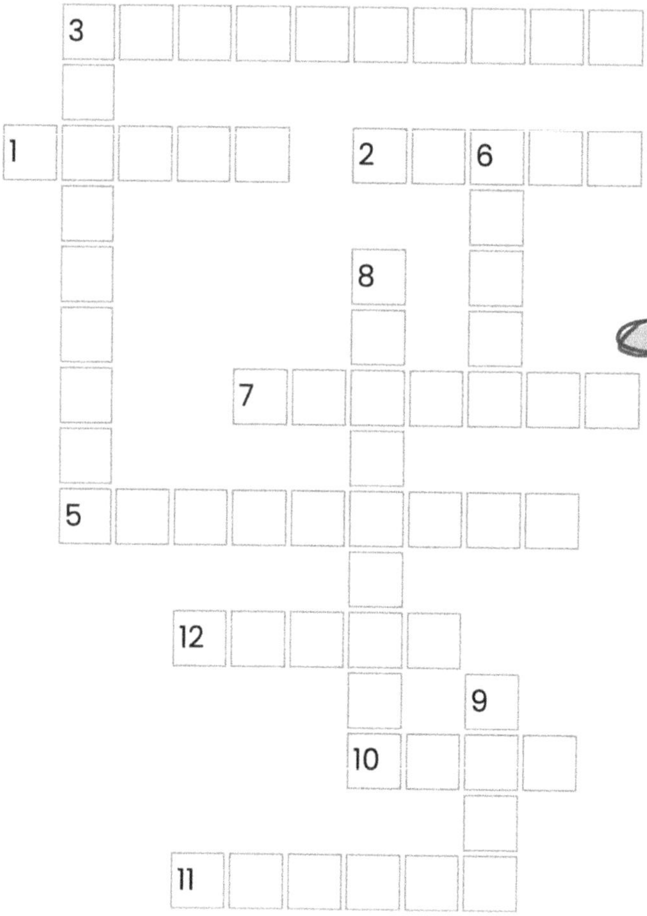

Across

[1] Egg or homeward ______

[2] Bumblefoot is caused by a ______ infection

[3] Natural supplements with live microorganisms

[5] Virulent ______ Disease

[7] ______ or Unrelenting Respiratory Diseases

[10] Sour ______ fungal infection

[11] Ringworm is a ______ disease

[12] ______ vent/butt

Down

[3] Coccidiosis is caused by______

[6] Flu or N5N1

[8] Mites and worms cause ______ diseases

[9] ______ Cholera, caused by Pasteurella multocida

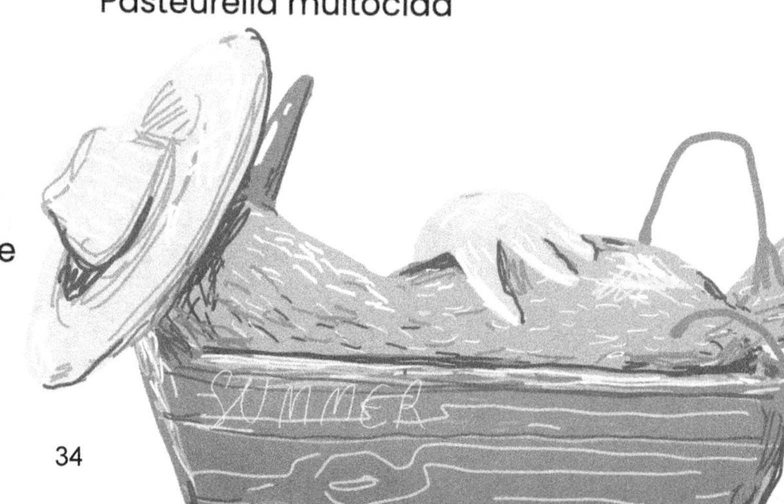

Crosswords #4 - Chickens Stealing Famous Quotes

A crazed chicken switched a word. Put the correct word back.

Across

[1] The way to get started is to quit talking and begin pooping.

[2] Good brooders make good neighbors.

[4] A nesting box for everything, everything in its nesting box.

[8] There is no substitute for hard boiled.

[10] If flocks go wrong, don't go with them.

[11] Don't cry because it's over. Crow because it happened.

Down

[3] Happiness is not by chance, but by chickens.

[5] Chicken rearing is a long lesson in humility.

[6] Spread droppings everywhere you go.

[7] Whoever is clucking will make others cluck too.

[9] The road to success is always under shavings.

[12] If you're going through hell, keep pecking.

Crosswords #5 - Chickens Stealing Movie Quotes

A confused, star-struck hen switched a word. Put the correct word back.

Across

[3] I'm king of the coop!

[6] You can't handle the chicken diaper!

[7] We'll always have electrolytes.

[10] Oyster shells, my dear Watson.

[11] Forget it, Jake, it's chicken math.

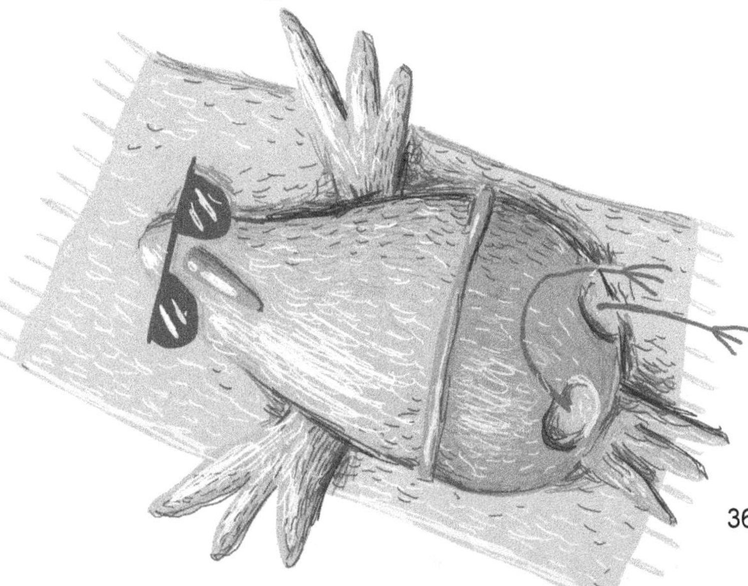

Down

[1] What we've got here is failure to incubate.

[2] Nobody puts heat lamps in a corner.

[4] I'm gonna make him a nipple waterer he can't refuse.

[5] Here's looking at you, cock.

[8] I feel the need — the need for grit!

[9] Capon, we have a problem.

[11] If you build it, he will crow.

[12] To bumblefoot and beyond!

[13] You're gonna need a bigger coop.

Crosswords #6 - Chicken Breeders Stealing Quotes

A Crazy Chicken Lady switched a word. Put the correct word back.

Across

[2] It ain't over till the fat Silkie sings.

[3] The purpose of our Rhode Island Reds is to be happy.

[5] Frankly, my New Hampshire, I don't give a damn.

[8] In life you need either Cochins or desperation.

[13] The most wasted of days is one without Brahmas.

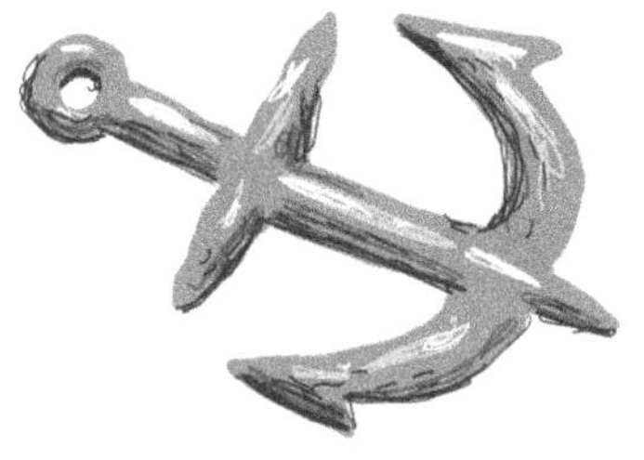

Down

[1] Before anything else, Plymouth Rock is the key to success.

[4] My mama always said life was like a box of Wyandottes.

[6] Hasta la vista, Buckeye.

[7] Be the Chantecler that you wish to see in the world.

[9] Believe Ancona can and you're halfway there.

[10] Life is either a daring Buff Oprington or nothing at all.

[11] As ye Bantam so shall ye reap.

[12] Knowledge speaks, but an Australorp listens.

Chick Crosswords #7 - Cultural Chicks

Put your knowledge of chickens in culture and literature to the test.

6 12 13 11 10 2 9 8 3 1 5 4 7

Across

[1] That Merrie, Looney Leghorn

[3] The big-headed son of Miss Prissy

[4] Lady Cluck served the foxy Maid ______

[7] Product of The Little Red Hen

[9] Chicken Little a.k.a. Henny ______

[11] Mascot Cornelius Rooster reped

[13] Heihei's (from Moana) breed

Down

[2] ______ Chicken, Henry Cabot Henhouse's alter ego

[5] Spicy star of Chicken Run

[6] ______ Chicken, San Diego's mascot, not Putins

[8] The state of derbies and frying

[10] Camilla Chicken's Muppet love

[12] ______ Lickin' Good

Chick Crosswords #8 - Chicken Idioms

A philosophical rooster switched a word. Put the correct word back.

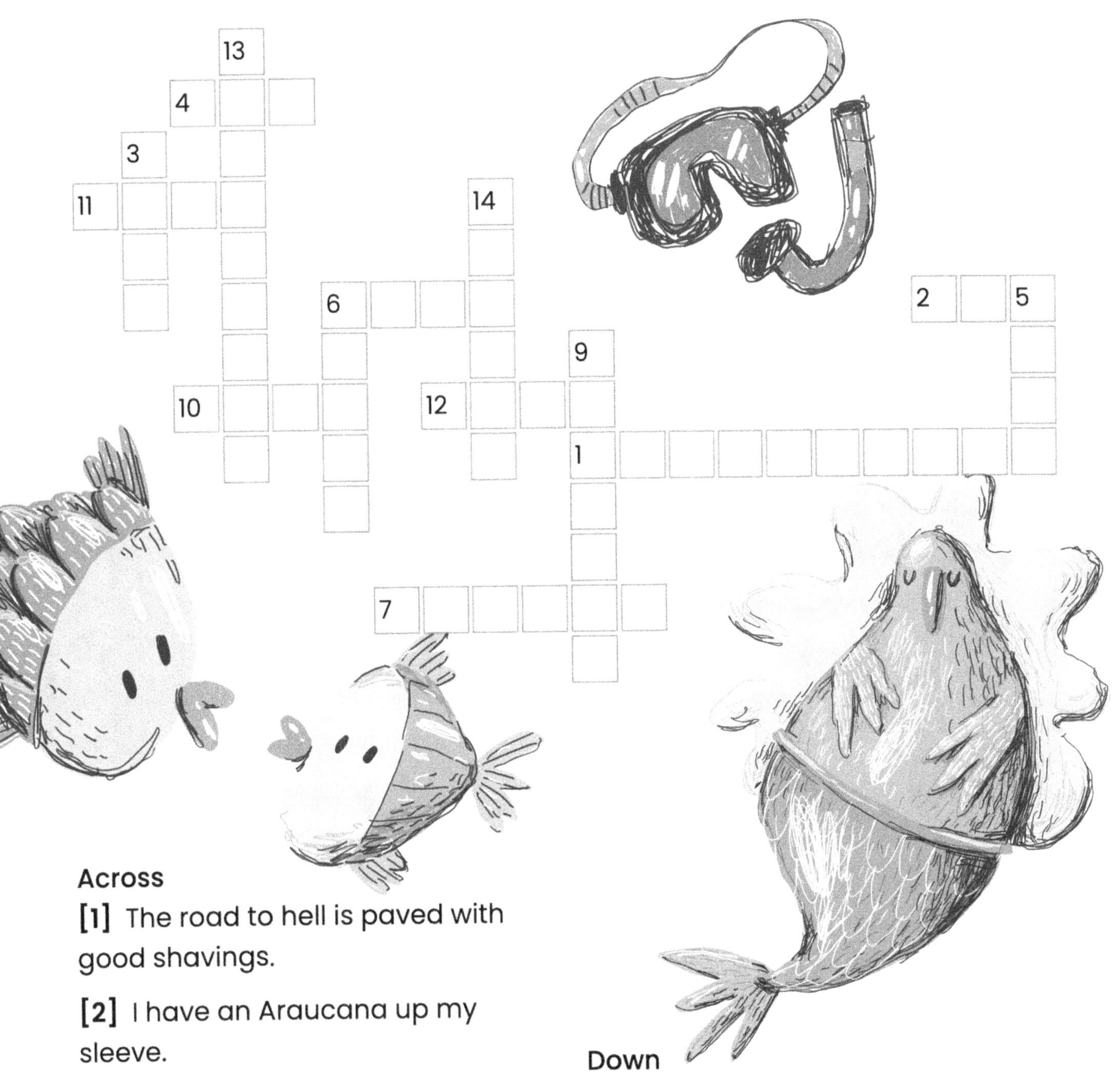

Across

[1] The road to hell is paved with good shavings.

[2] I have an Araucana up my sleeve.

[4] Keep your tuft to the ground.

[6] Peck one's heart out

[7] Straight from the Leghorn's mouth

[10] Once in a blue Easter Egger

[11] Throw caution to the Brakel.

[12] Look before you peep.

Down

[3] She has bigger fingers to fry.

[5] Don't put all your Isbars in one basket.

[6] In for a hatchling in for a pound.

[9] Don't cry over Ameraucana milk.

[13] Jump on the rooster.

[14] Quit cold Nankin.

Chick Crosswords #9 - Eggceptionally Stupid Puns

Save the English Language from a fowl sense of humor. Put the correct word back.

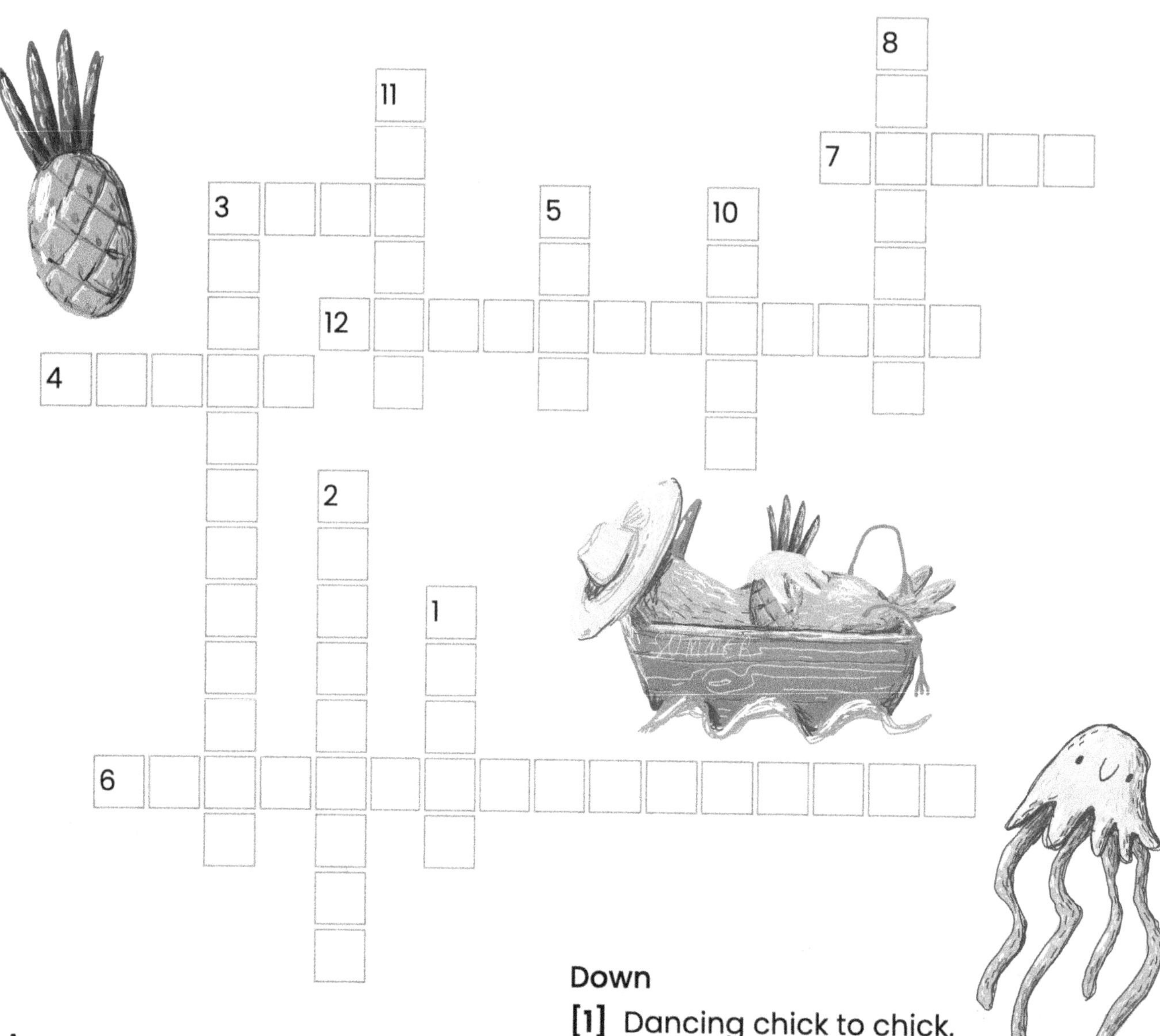

Across

[3] Before roosters travel they peck a suitcase.

[4] Safe chicken runs have Emergency Eggs-its.

[6] Alien chickens are egg-straterrestrial.

[7] Hens tell time with a Grandfather Cluck.

[12] An excited chicken is hen-thusiastic.

Down

[1] Dancing chick to chick.

[2] Athletic pullets have great hen-durance.

[3] Poultry-geists haunt coops.

[5] Sherlock Rooster always suspects fowl play.

[8] The true Chicken of the Sea is a dolph-hen.

[10] Educated chicken are good at egg-xams.

[11] Silly chickens are always yolking.

Cryptogram Mania

Coop Cryptograms

Crack the code to discover hidden proverbs, quotes and idioms that reveal a peck-load of poultry wisdom. SUGGESTION: Start by solving for the most common letters - N, A, T, E, O, I and S, then 2 letter words.

Puzzle #1

A	B	C	D	E	F	G	H	I	J	K	L	M	N	O	P	Q	R	S	T	U	V	W	X	Y	Z

DU LBN MO UKO EPEI UKBU

EZPQS MCU DU DS UKO KOV

UKBU WBNS UKO OJJS

- Margaret Thatcher

Puzzle #2

A	B	C	D	E	F	G	H	I	J	K	L	M	N	O	P	Q	R	S	T	U	V	W	X	Y	Z

N UPZED LH E XZBBZP

BLDLPPLC CAZPZ MANMIZFW MEF

MPLWW BAZ PLEU EFU FLB

XZ GSZWBNLFZU EXLSB BAZNP

DLBNQZW

- Ralph Waldo Emerson

Puzzle #3

A	B	C	D	E	F	G	H	I	J	K	L	M	N	O	P	Q	R	S	T	U	V	W	X	Y	Z

T   EMW   SZ   YWXL   TW   MCCZ

OTL   YP   VTRSWC   TWYFEMI   MCC

- Samuel Butler

Puzzle #4

A	B	C	D	E	F	G	H	I	J	K	L	M	N	O	P	Q	R	S	T	U	V	W	X	Y	Z

FD   FN   WENFWC   DX   UWD   E

RYFRLWV   QERL   FV   DYW   WUU

DYEV   DX   OVHX   E   NIEVHWC

- Chinese Proverb

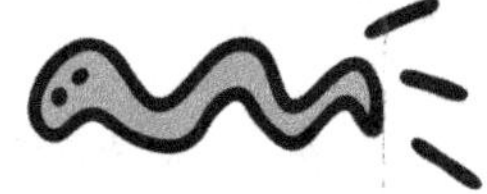

Puzzle #5

A	B	C	D	E	F	G	H	I	J	K	L	M	N	O	P	Q	R	S	T	U	V	W	X	Y	Z

C E O G W G D P   G K   P D   I D C E   F S E

V R C E P F   D U   I D C R O G F Z   F S R P   R P

G P H L N R F D C   G K   F S E   I D F S E C   D U

R   H S G H Y E P

- Lemuel K. Washburn

Puzzle #6

A	B	C	D	E	F	G	H	I	J	K	L	M	N	O	P	Q	R	S	T	U	V	W	X	Y	Z

K Z   Q Z C   X Z I Q C   P Z I L   X V E X B W Q Y

S W M Z L W   C V W P   A L W   V A C X V W K

- Aesop

Puzzle #7

A	B	C	D	E	F	G	H	I	J	K	L	M	N	O	P	Q	R	S	T	U	V	W	X	Y	Z

RNN DAVIBM EWH YQWP V

QWWZCMQ CW V AMI SRCA

WIM ZAWC

- Dolly Parton

Puzzle #8

A	B	C	D	E	F	G	H	I	J	K	L	M	N	O	P	Q	R	S	T	U	V	W	X	Y	Z

AZDDZF DH AZ DTZ AZXJ HL

X YTVYJZI DTXI DTZ FGCN

HL XI HM

- Chinese Proverb

Puzzle #9

A	B	C	D	E	F	G	H	I	J	K	L	M	N	O	P	Q	R	S	T	U	V	W	X	Y	Z

B Q **T Q J** **U K J** **S A A** **X Q K R** **C M M L**

I T **Q T C** **V S L D C J**

- Warren Buffett

Puzzle #10

A	B	C	D	E	F	G	H	I	J	K	L	M	N	O	P	Q	R	S	T	U	V	W	X	Y	Z

F O **L P C M K M L B Z C Z** **K E N K Y C O** **Q F M H**

U M L Z T K C V **Q C B C M** **C I I V**

- Chinese Proverb

Puzzle #11

A	B	C	D	E	F	G	H	I	J	K	L	M	N	O	P	Q	R	S	T	U	V	W	X	Y	Z

VTLER E PCZPXLQ ZK UDW

MLT E PCEQPL CWPX NLPEWVL

ZK UDW IDQT BEQT ZT

VDALDQL LRVL IDLV EQI E

MDDI ILLI EZQT QLOLJ

KDJMDTTLQ

Yum!

Puzzle #12

A	B	C	D	E	F	G	H	I	J	K	L	M	N	O	P	Q	R	S	T	U	V	W	X	Y	Z

E X T S F   P X A A V Q   G F Q   H U R Q T P F

T A   X   P O T P Y F A R   P V U J Q

- African Proverb

Puzzle #13

A	B	C	D	E	F	G	H	I	J	K	L	M	N	O	P	Q	R	S	T	U	V	W	X	Y	Z

V H P V   A H W C   X G H X W C P V   X Y Q C

G Y Q C   D Y   K Y Y V D

- Charles W. Chesnutt

Puzzle #14

A	B	C	D	E	F	G	H	I	J	K	L	M	N	O	P	Q	R	S	T	U	V	W	X	Y	Z

___ ___ ___ ____ ____
F J P   J D W   G X Q   F L L Q   W H V I

___ ________ __ ____ ____
V I L   S I H S B L X E   D T   E D G T   I H R I

___ _____ ____ ___ ______
G X Q   Q G X S L   W H V I   V I L   L G R J L E

- Dr. Lucas D. Shallua

Shitin' Chicken Mazes

Maze #1

Maze #2

Maze #3

Maze #4

Maze #5

Maze #6

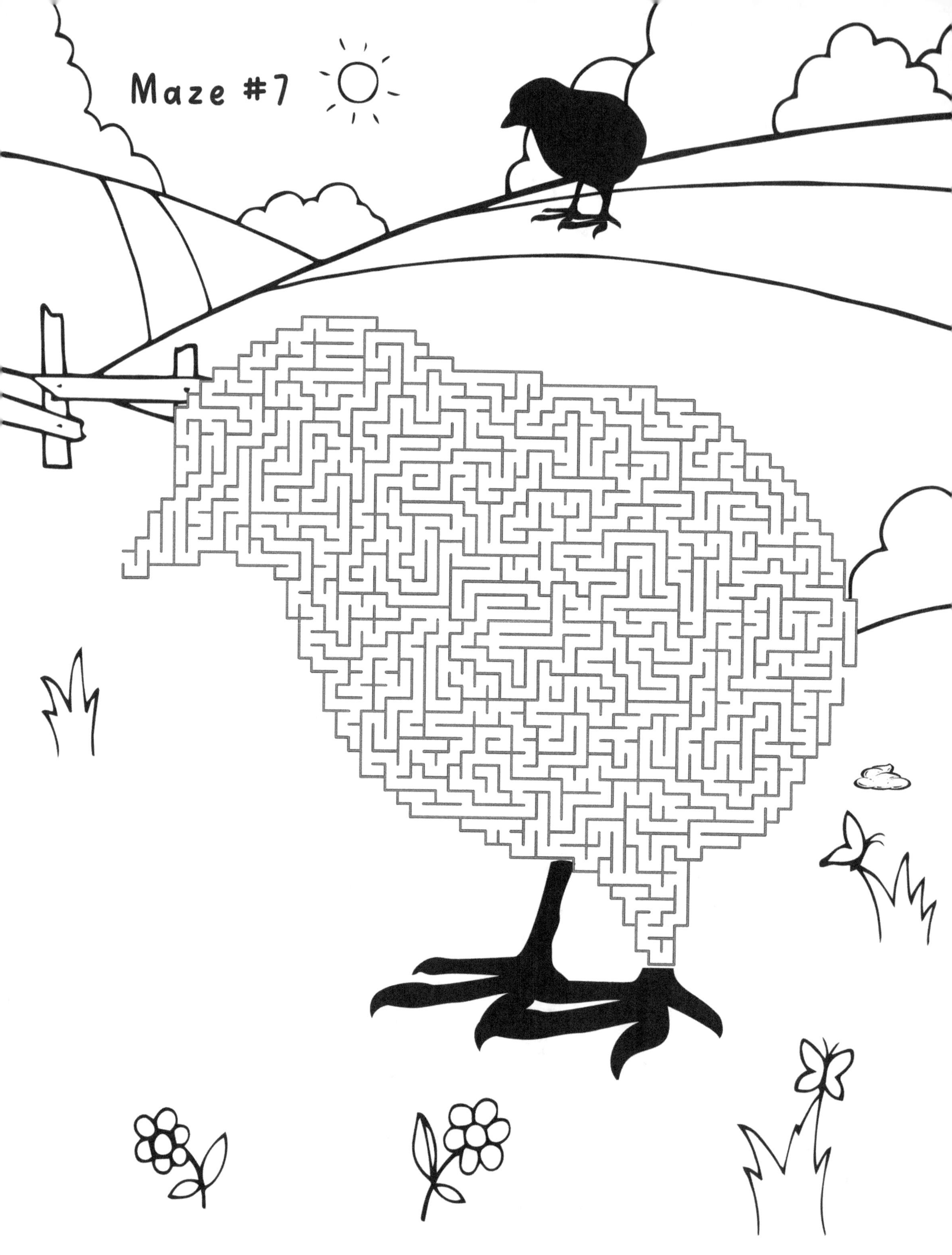
Maze #7

Maze #8

Maze #9

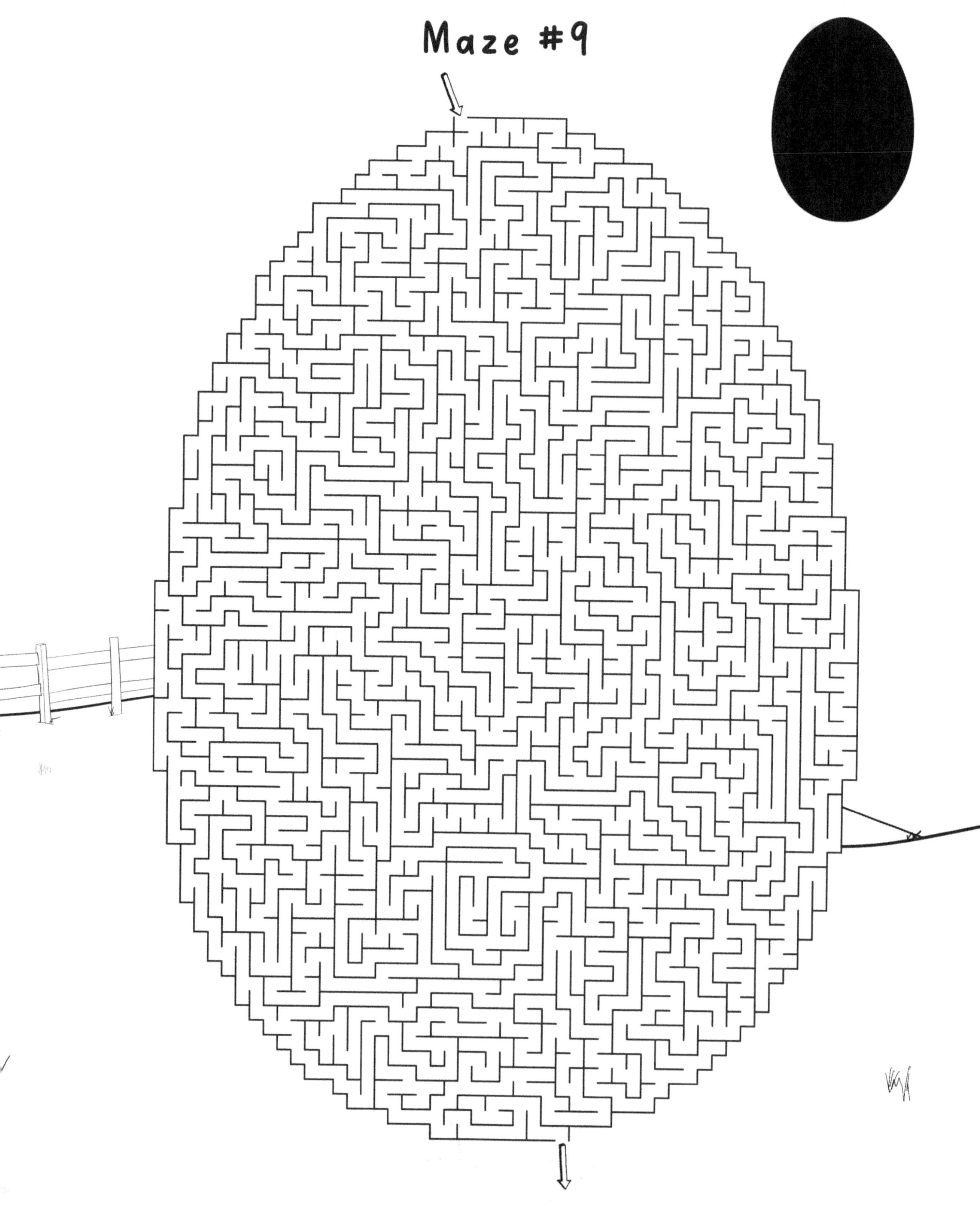

Maze #10

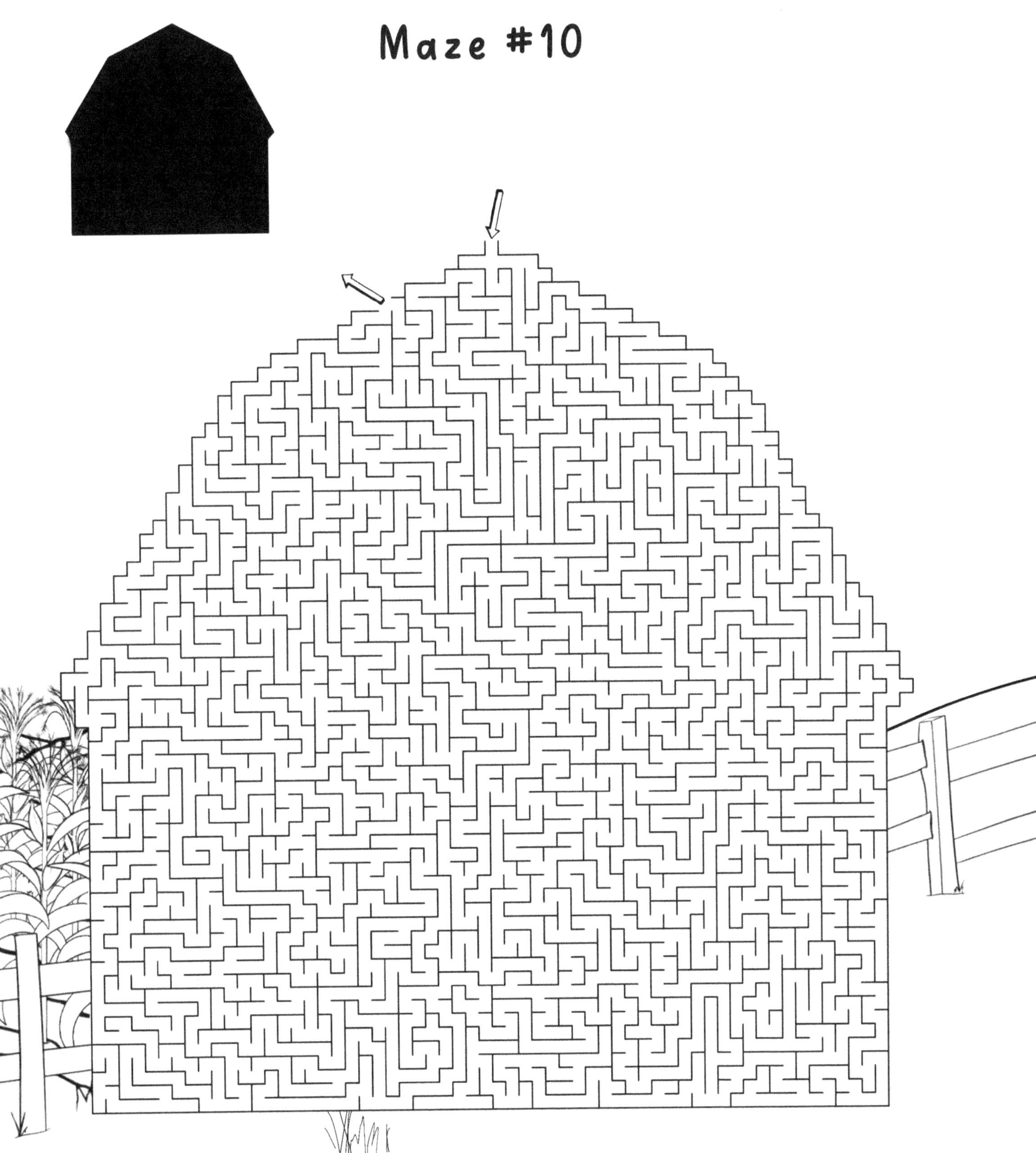

Maze #11

Chicken Spotting

Cock-A-Doodle-Duo #1

Draw lines to match each chicken to its twin.

Cock-A-Doodle-Duo #2

Draw lines to match each image to its twin.

Birds of a Feather #2

Circle the two images that are identical.

Birds of a Feather #2

Circle the three chickens that are identical.

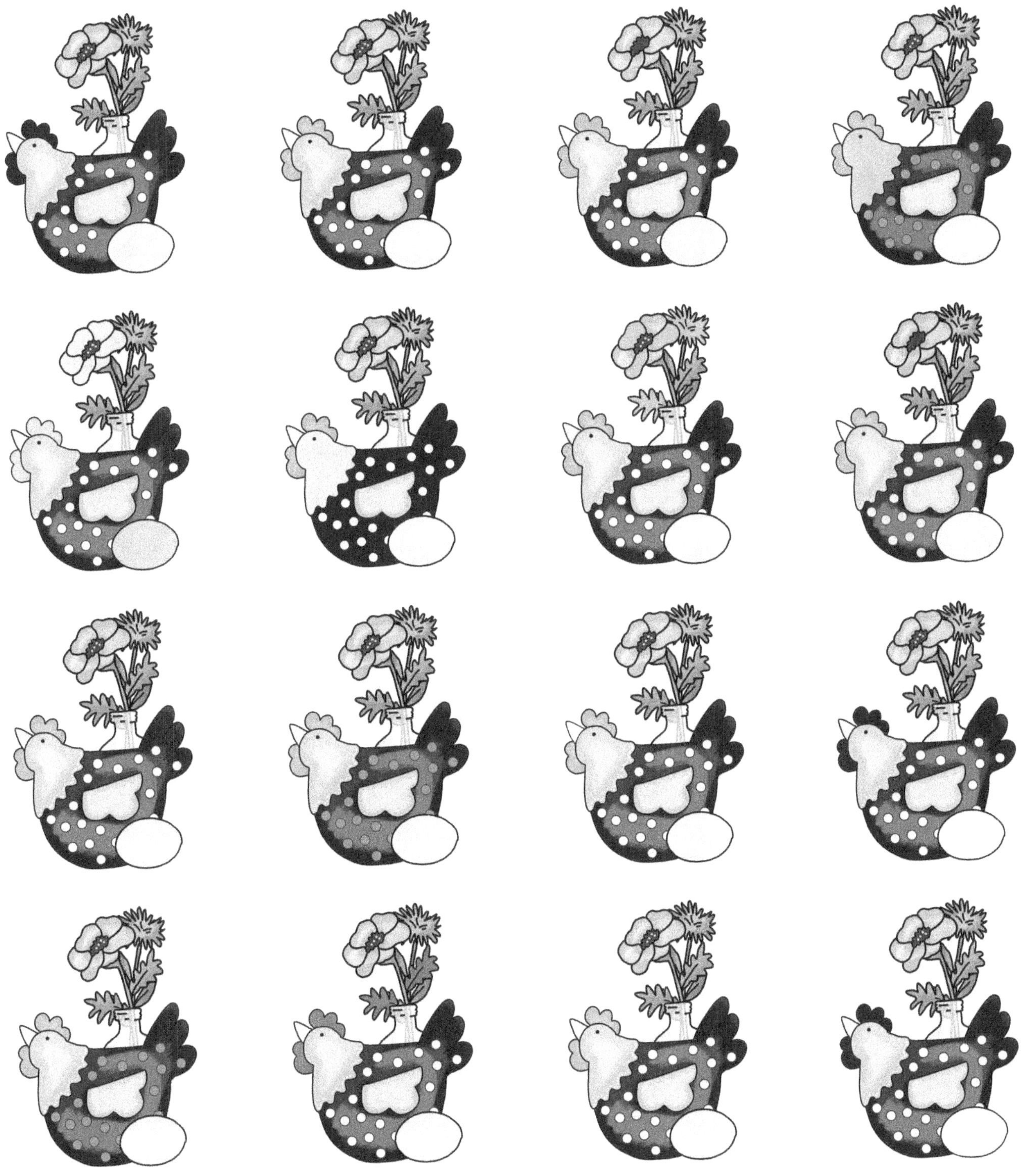

Find the
10 eggs

Find the 10
Escaped Chicks

Spot the Difference #1

1. ______________________
2. ______________________
3. ______________________
4. ______________________

5. ______________________
6. ______________________
7. ______________________
8. ______________________

Spot the Difference #2

1. ____________________
2. ____________________
3. ____________________
4. ____________________

5. ____________________
6. ____________________
7. ____________________
8. ____________________

Count Your Chickens. How many can you find?

Coloring Coop

You Say
CRAZY
chicken
LADY
Like it's a
Bad Thing

YOU HAD ME AT
COCK-A-DOODLE-DOO

No! Wait!
I said as cute
as a BANTAM.

Chickens Are Like
Potato Chips
You Can't Have
Just Fourteen

A Hen's Work
Is Never Done

She's sure purdy!
Yea, but she's got a fowl mouth.

CHICKENS
ARE
MY
ZEN

Clucking Show-off

Double Puzzles

Double Puzzle #1

Unscramble these chick-centric idioms, phrases, proverbs, etc. to reveal a plucky song.

RBDSI FO A FHEETAR

30 12

WTH'AS PU CECHIKN U?TBT

2 25 11 14

19 1

FAREEINTHG RYOU TNES

24 28 22 17 9

33

HOW USRLE HET ROSTO?

6 16 26 29

HAESK A ALTI FATHEER

15 32

THCHA NA AIDE

13

ROODB REOV TI

RLFUFE MSEO FEERTHAS

5 31

3

EH SI RVYE YCCOK

8 20

FINSSUG IKEL NA DOL NHE

23 7

1 2 3 5 6 7 8 9 11 12 13 14 15 16 17 19 20

22 23 24 25 26 28 29 30 31 32 33

Double Puzzle #2

Unscramble these chick-centric idioms, phrases, proverbs, etc. to reveal a plucky song.

Y'ORUE ON SIPNRG CCHEIKN — 23, 1, 20, 4

MDEADR HNTA A ETW NHE — 34, 15, 7, 37

XFO NI ETH NHE EUHOS — 29, 11, 17, 40, 26, 19

SATRCCH NDA ECKP — 10, 2

OG CKUS NA GGE — 35, 16, 39

KCCO FO ETH KLWA — 14, 18, 32, 3

UTJS GNWI TI — 25, 9

FIEENLG COEOPD PU — 38

A LLIITTE IRDB LDOT EM — 27, 22, 12, 5

WTCHEAD CKNHEICS ERNVE YLA — 30, 41, 31

1 2 3 4 5   7   9 10 11 12   14 15 16 17 18 19 20   22 23   25 26 27

29 30 31 32   34 35 – 37 38 39 40 41

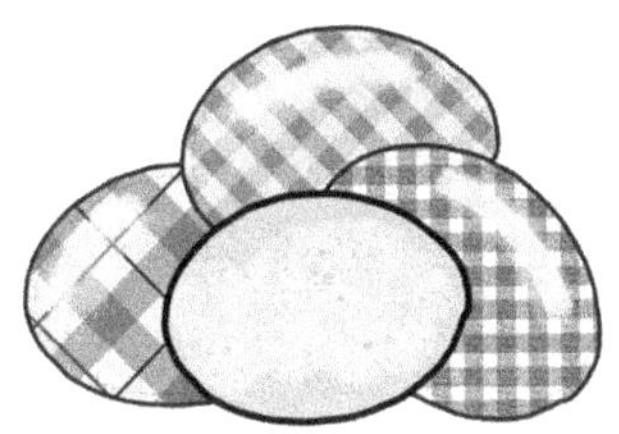

Double Puzzle #3

Unscramble these chick-centric idioms, phrases, proverbs, etc. to reveal a plucky song.

Scrambled	Numbered boxes
GEG NO RYOU AEFC	28 25
IRSEA UYRO HELAKCS	18 2 6 21 40
WNALKIG NO ESLGEGLHS	1 33 35 5 30 15
TSAE KEIL A DBIR	16 31 20 8 10
A CECHIKN NI YEVER TPO	24 32 13 4
GEG NDA OSONP ACER	27
EH LWFE ETH OCPO	17 29 9 3 37 14
A RBDI NI HET DHAN	12 23 38
RBUEBR CEKHCIN DEINNR	39

1 2 3 4 5 6   8 9 10   12 13 14 15 16 17 18   20 21   23 24 25

27 28 29 30 31 32 33   35 T (36) 37 38 39 40

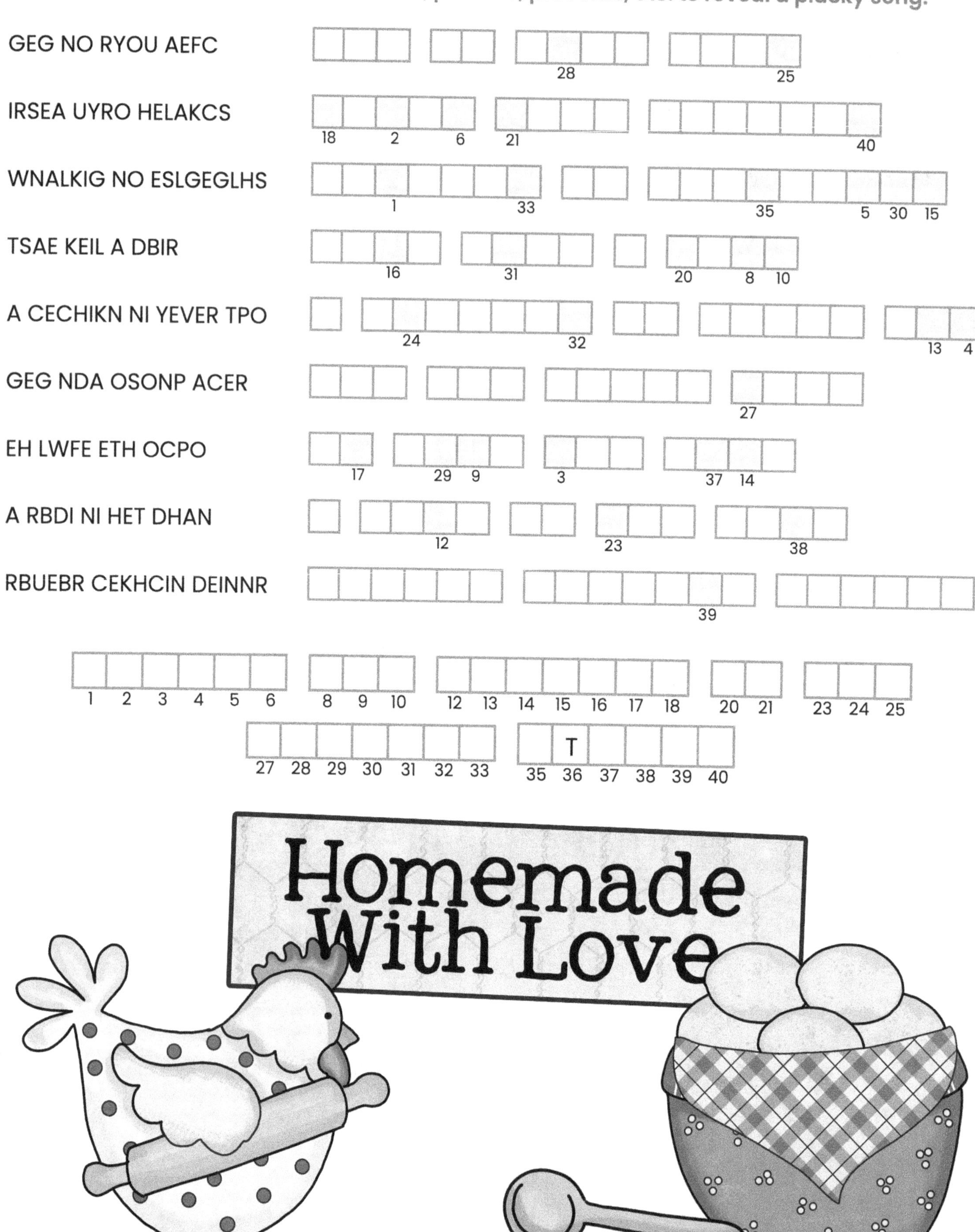

Double Puzzle #4

Unscramble these chick-centric terms to reveal a plucky song.

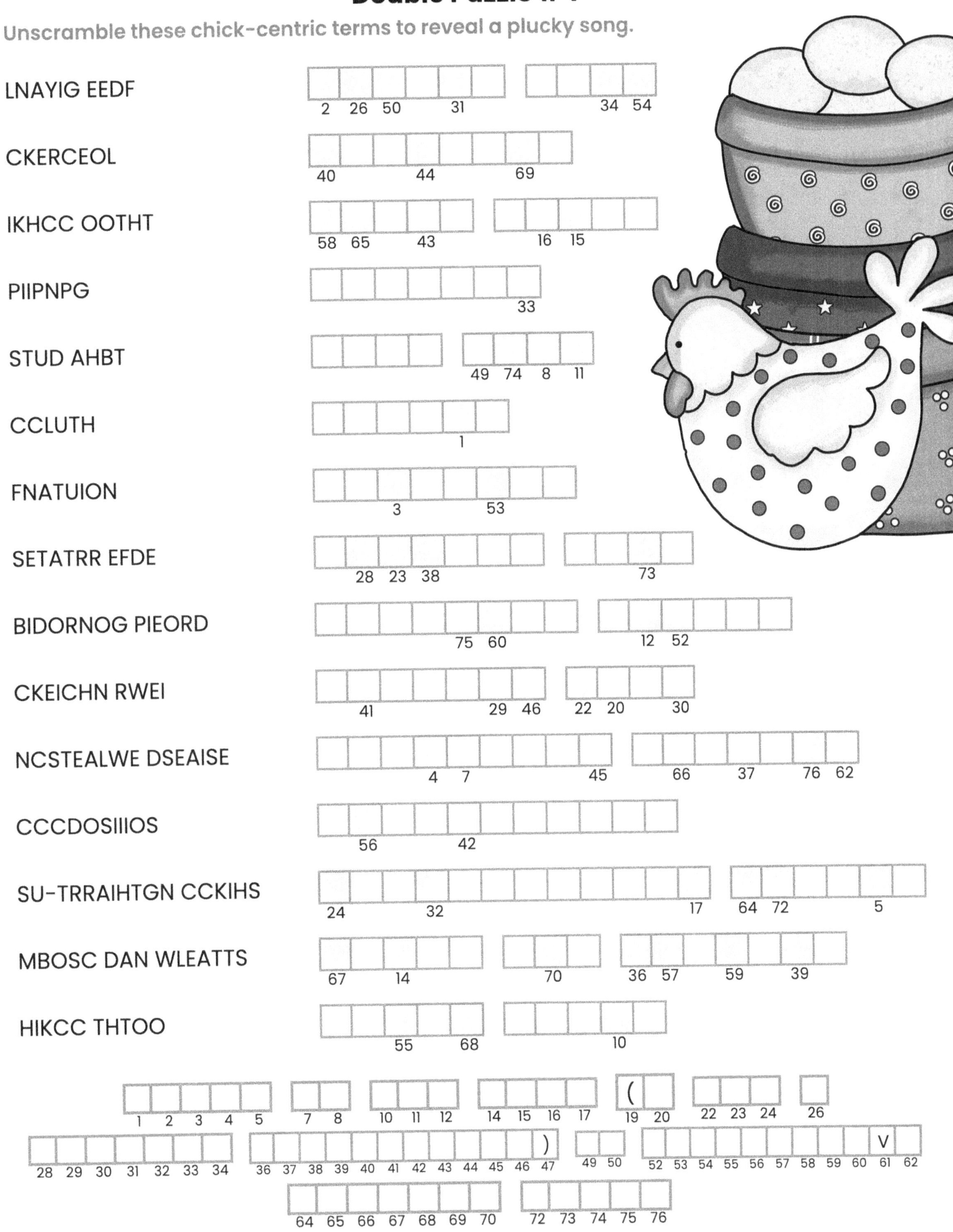

LNAYIG EEDF — 2 26 50 31 34 54

CKERCEOL — 40 44 69

IKHCC OOTHT — 58 65 43 16 15

PIIPNPG — 33

STUD AHBT — 49 74 8 11

CCLUTH — 1

FNATUION — 3 53

SETATRR EFDE — 28 23 38 73

BIDORNOG PIEORD — 75 60 12 52

CKEICHN RWEI — 41 29 46 22 20 30

NCSTEALWE DSEAISE — 4 7 45 66 37 76 62

CCCDOSIIIOS — 56 42

SU-TRRAIHTGN CCKIHS — 24 32 17 64 72 5

MBOSC DAN WLEATTS — 67 14 70 36 57 59 39

HIKCC THTOO — 55 68 10

1 2 3 4 5   7 8   10 11 12   14 15 16 17   (19 20   22 23 24   26

28 29 30 31 32 33 34   36 37 38 39 40 41 42 43 44 45 46) 47   49 50   52 53 54 55 56 57 58 59 60 V 61 62

64 65 66 67 68 69 70   72 73 74 75 76

Double Puzzle #5

Unscramble these popular pet chicken names to reveal a plucky song.

CCLKU RERGOS — _ _ _ _ _ (5 at 4th) _ _ _ _ _ _

PKEERHEACD — _ _ _ _ _ _ _ _ _ _ (9, 6)

RYAM PIONOPKS — _ _ _ _ (33) _ _ _ _ _ _ _ _ (13)

GBI RBDI — _ _ _ (16) _ _ _ _

AERBLT ESTEGIGN — _ _ _ _ _ _ (22) _ _ _ _ _ _ _ _ (3, 34, 1, 10)

OLYOK OON — _ _ _ _ _ (20) _ _ _

CENLOOL SNDRAES — _ _ _ _ _ _ _ (19, 17, 26, 28) _ _ _ _ _ _ _ (18, 14)

NYEHN ENNYP — _ _ _ _ _ (29, 23) _ _ _ _ _

FRHOOGN LGORHEN — _ _ _ _ _ _ _ (11) _ _ _ _ _ _ _ (35)

JLUUIS CSAEER — _ _ _ _ _ _ (25, 7) _ _ _ _ _ _ (32)

MHOETR CKEUCLR — _ _ _ _ _ _ (2) _ _ _ _ _ _ _

PRAHO HNFREEY — _ _ _ _ _ _ _ _ _ _ _ _ (27, 30)

IIDEX HICKC — _ _ _ _ _ _ _ _ _ _ (8)

1 2 3   5 6 7 8 9 10 11   13 14   16 17 18 19 20

22 23   25 26 27 28 29 30   32 33 34 35

Match 'em Up

Match Game à la Chicken #1

Match the front half of the chcken to the back.

Red	Dumpy
Easter	Fayoumi
Naked	True Blue
Scots	Bantam
Egyptian	Rock
Old English	Flower Hen
Norfolk	Ranger
Sicilian	Egger
Plymouth	Legbar
Speckled	Neck
Cream	Daisy
Swedish	Game
Red	Cemani
Ayam	Queen
Marsh	Buttercup
Whiting	Shaver
Cinnamon	Star
Rosecomb	Grey

Match Game à la Chicken #2

Match the county of origin to a chcken breed they gave us.

Australia	Isbar
Chile	Appenzeller
Germany	Araucanas
Turkey	Welsummer
Spain	Shamo
England	Ovambo
Italy	Sultan
Namibia	Andalusian
United States	Orpington
Canada	Chantecler
France	Australorp
Netherlands	Gallina di Saluzzo
Brazil	Bielefelder
Sweden	Serama
Japan	Maran
Malaysia	Índio Gigante
Switzerland	Buckeye

Match Game à la Chicken #3

Match the taxinomic and ancestory terms.

Kingdom	Phasianidae
Phylum	G. varius
Class	G. sonneratii
Order	G. lafayetii
Family	Aves
Genus	Animalia
Green Junglefowl	G. gallus
Grey Junglefowl	Galliformes
Red Junglefowl	Gallus
Ceylon Junglefowl	Chordata

Match Game à la Chicken #4

Match the front end of these other landfowl types to the backend.

Golden	Guan
Wild	Bush-Quail
Himalayan	Guineafowl
Helmeted	Brush-turkey
Indian	Grouse
California	Capercaillie
Wattled	Snowcock
Australian	Monal
Western	Curassow
Painted	Prairie-Chicken
Yellow-knobbed	Francolin
Swamp	Quail
Caspian	Peafowl
Grey	Turkey
Greater	Pheasant
Black	Partridge

Match Game à la Chicken #5

Match the Word for Chicken in...

Hawaiian	Frango
Vietnamese	Poul
Slovak	Pollo
Spanish	Poulet
French	Gà
Creole	Manok
Norwegian	Kuritsa
Afrikaans	Cearc
Russian	Hoender
German	Kyckling
Turkish	Tavuk
Filipino	Moa
Swahili	Kura
Latin	Pullum
Swedish	Kylling
Portuguese	Hähnchen
Scottish Gaelic	Kuku

Answers

Word Search Solutions

Word Search #1 - Solution

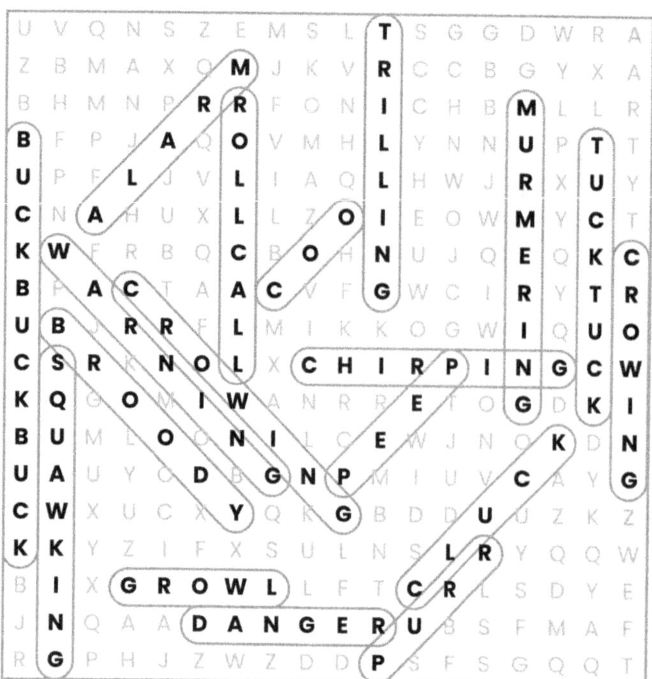

Word Search #2 - Solution

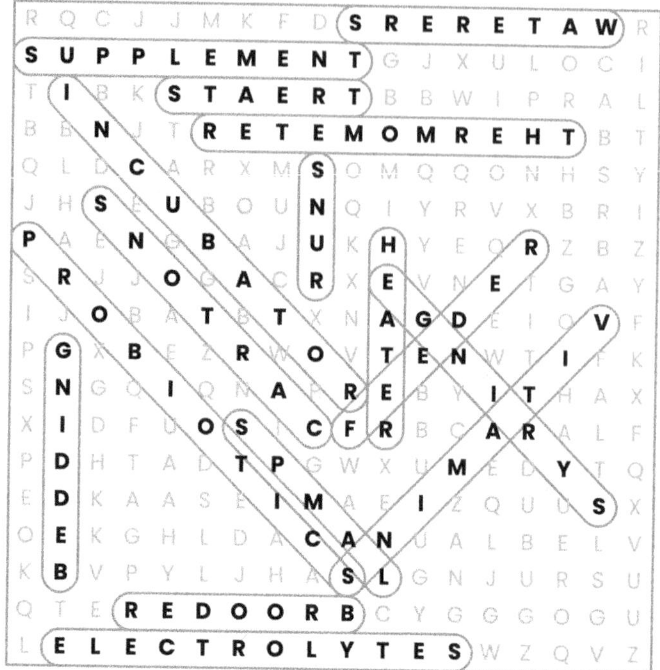

Word Search #3 - Solution

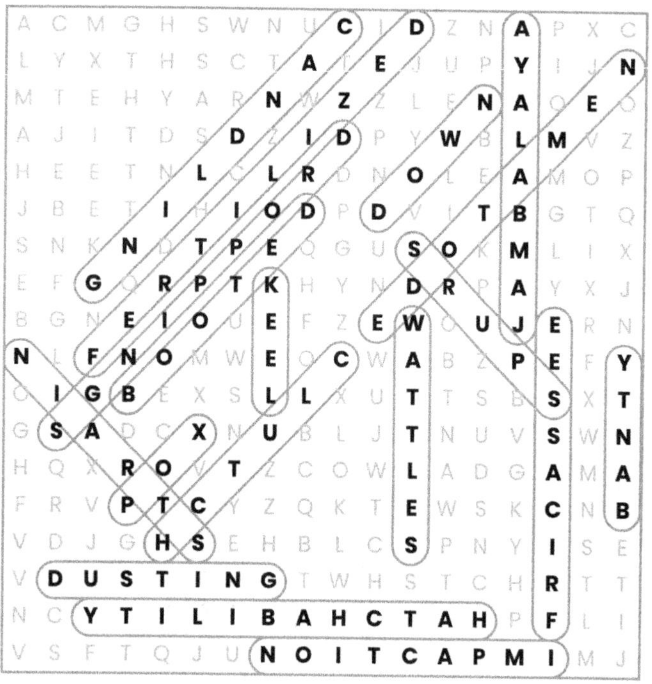

Word Search #4 - Solution

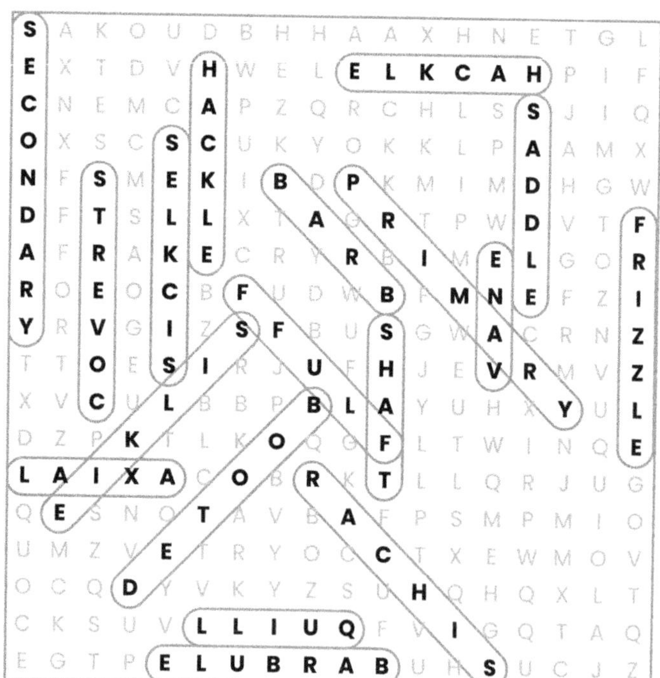

Word Search Solutions

Word Search #5 - Solution

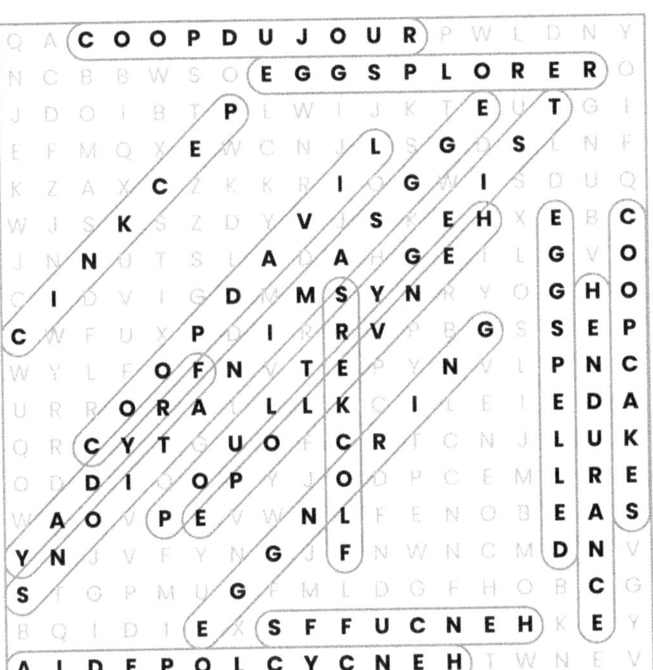

Word Search #6 - Solution

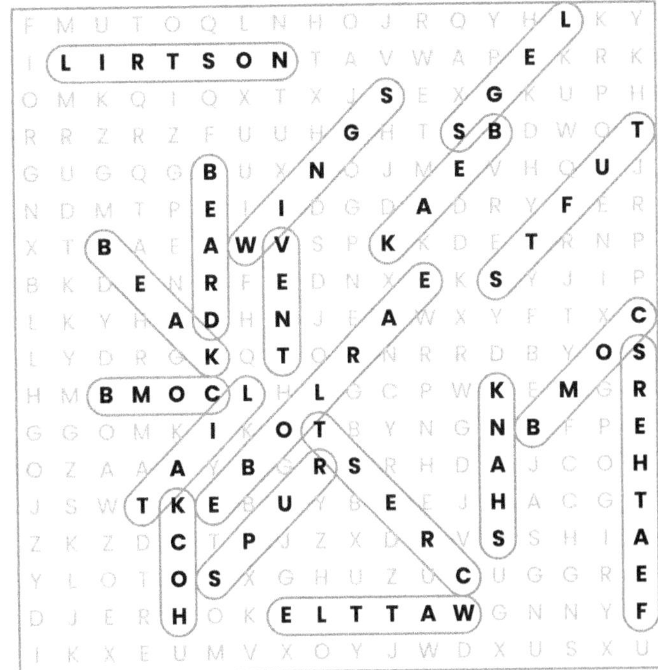

Word Search #7 - Solution

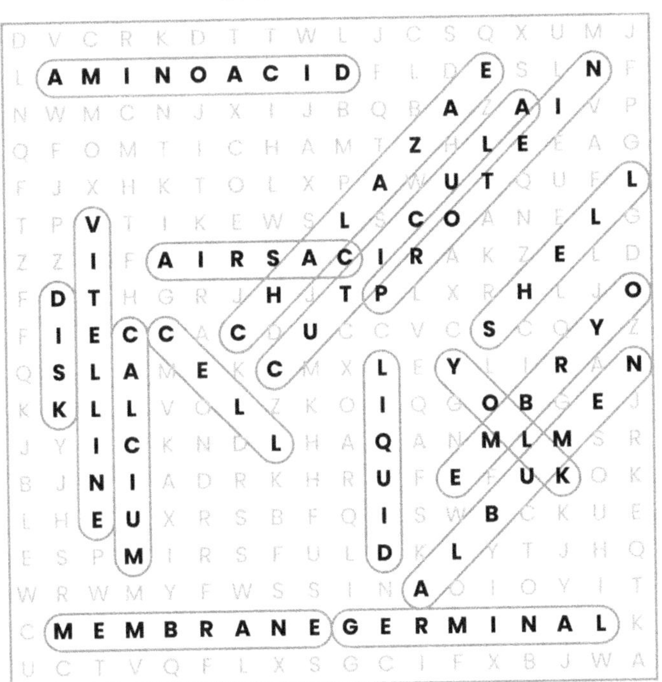

Word Search #8 - Solution

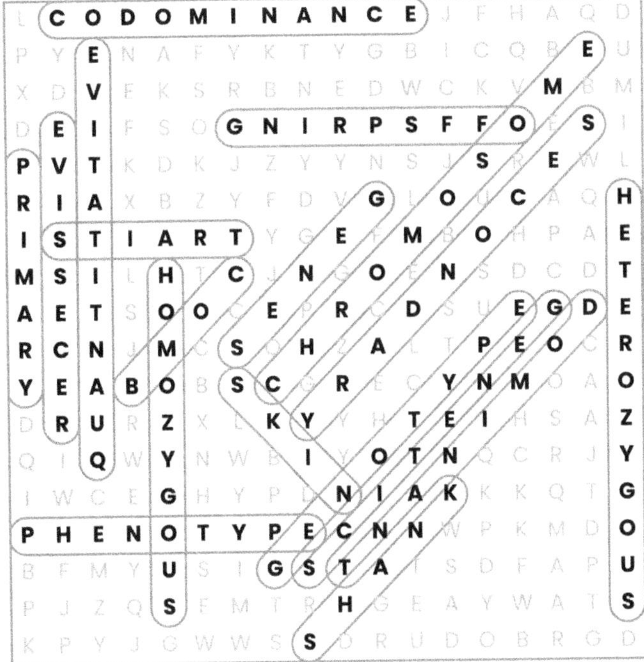

Word Search Solutions

Word Search #9 - Solution

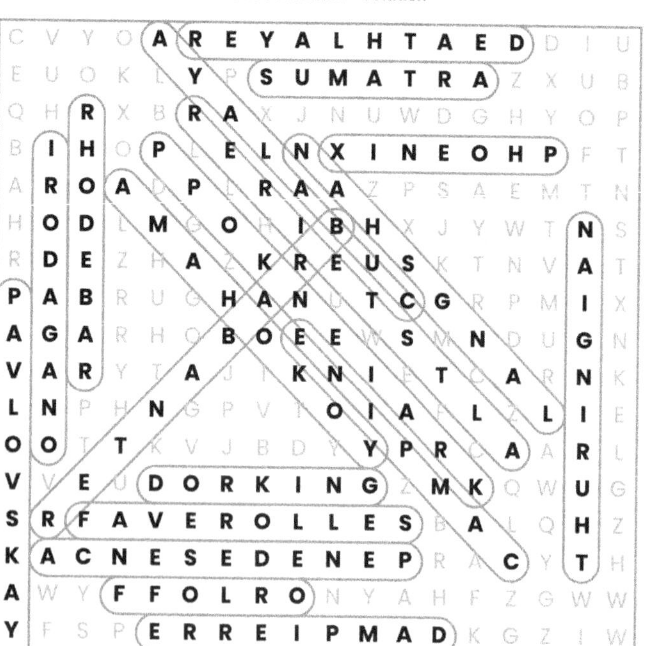

Word Search #10 - Solution

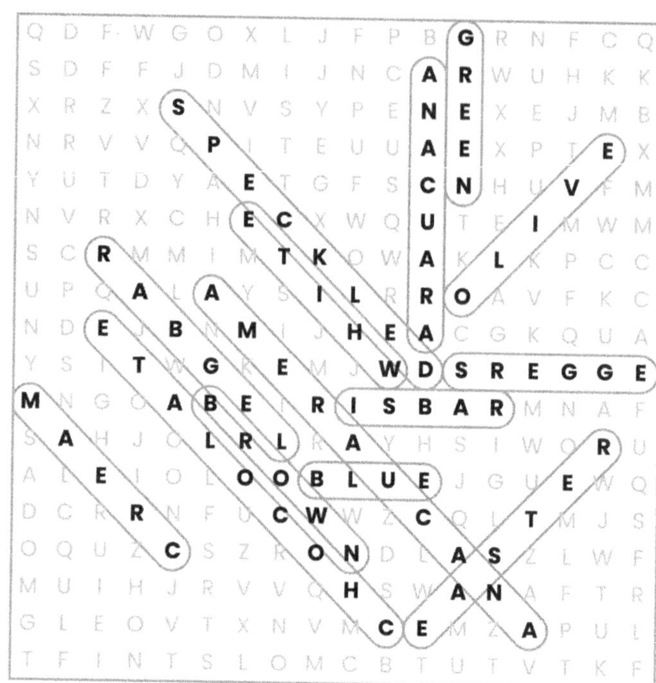

Word Search #11 - Solution

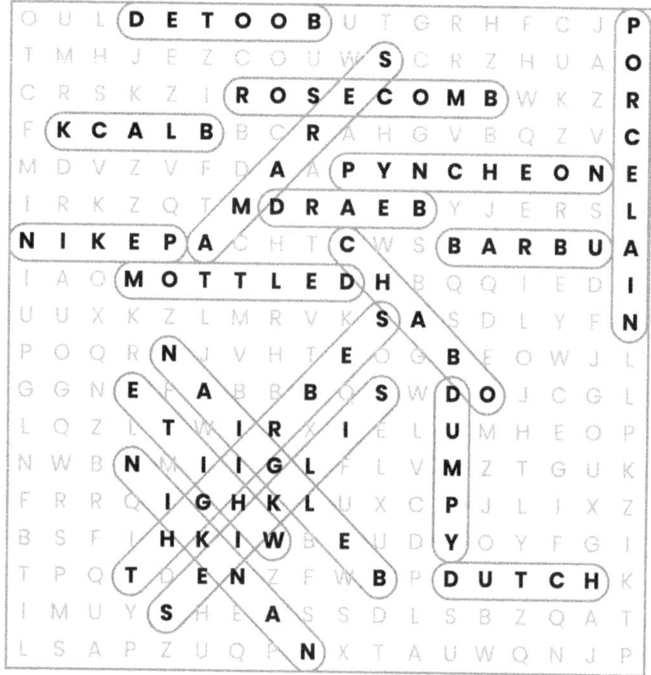

Word Search #12 - Solution

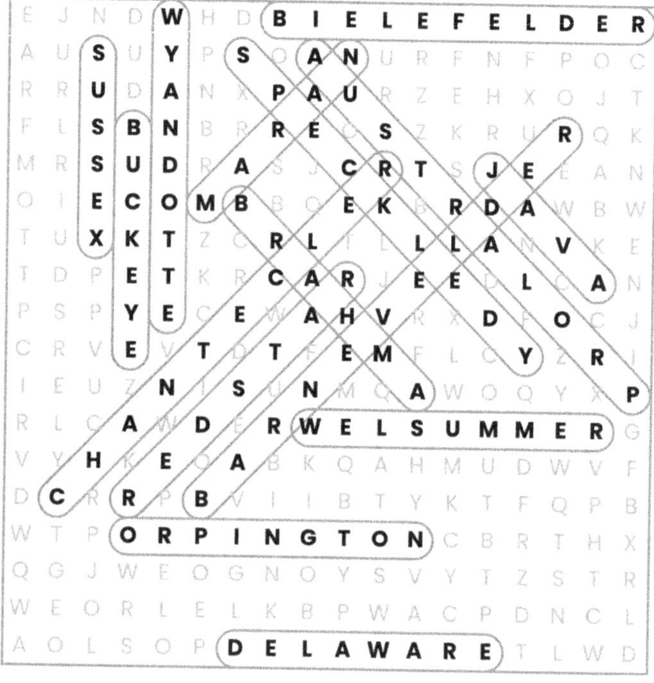

Word Search Solutions

Word Search #13 - Solution

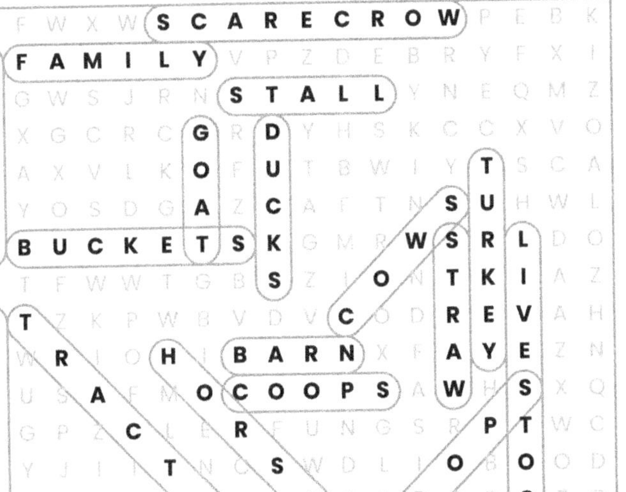

Word Search #14 - Solution

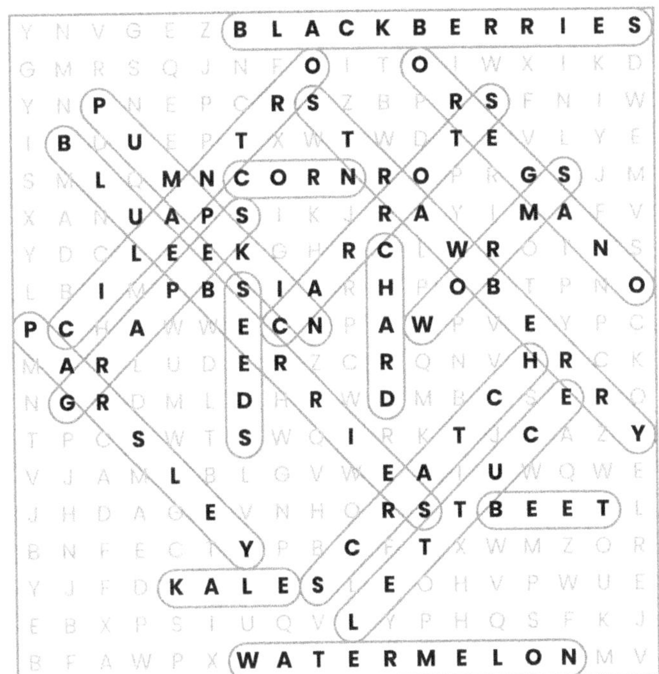

Word Search #15 - Solution

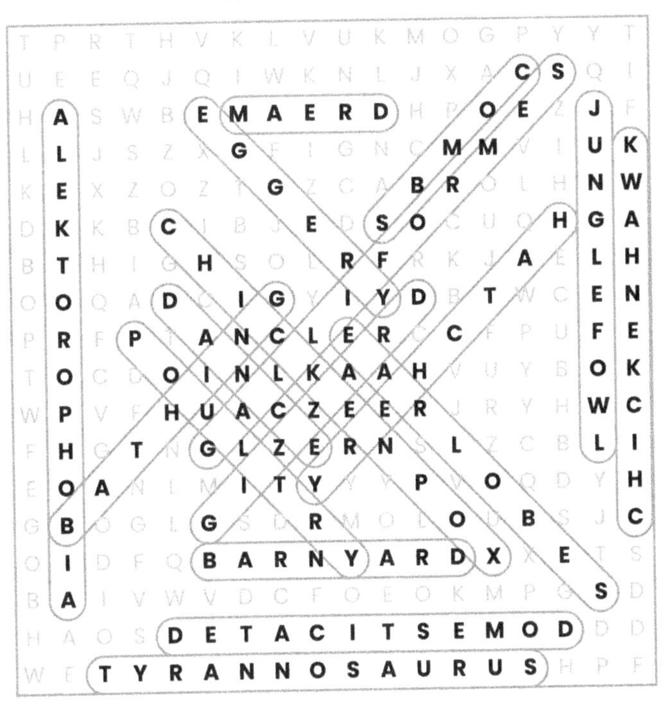

Scrambled Chickens #1 - Solution

Decode the chicken hidden in the puzzles.

HGROENL	LEGHORN
EWN AMRSHHEIP EDR	NEW HAMPSHIRE RED
HOTWXIR	IXWORTH
AAUANRAC	ARAUCANA
ARRYBADN XMI	BARNYARD MIX
RNMOED SNGHALNA	MODERN LANGSHAN
UAAANREACM	AMERAUCANA
TMPYLHUO OKRC	PLYMOUTH ROCK
DFEMFU DOL LEIHNGS MEAG	MUFFED OLD ENGLISH GAME
RMSTUAA	SUMATRA
HLPOIS	POLISH
FOLKNOR EYRG	NORFOLK GREY
CSTSO PDYMU	SCOTS DUMPY
TPGIYNEA MFOAIUY	EGYPTIAN FAYOUMI
AMOLNHN NWBOR	LOHMANN BROWN

Scrambled Chickens #2 - Solution

Decode the chicken hidden in the puzzles.

CNORAIM	M I N O R C A
ALCAERDN	L A N D R A C E
AKNDAHAKT	K A D A K N A T H
ISWSEHD ERWFLO ENH	S W E D I S H F L O W E R H E N
OSLRVEALFE	F A V E R O L L E S
HSDWSIE LCBKA ENH	S W E D I S H B L A C K H E N
EBOMOSCR	R O S E C O M B
EORHD ANDSLI DRE	R H O D E I S L A N D R E D
PTRNOINGO	O R P I N G T O N
YAMA ONKGPMA	A Y A M K A M P O N G
ARAOGINDO	O N A G A D O R I
ENGRE DGLEGE TRIDEGARP	G R E E N L E G G E D P A R T R I D G E
SSXEUS	S U S S E X
NLHDLAO	H O L L A N D

Scrambled Chickens #3 - Solution

Decode the chicken hidden in the puzzles.

DEWTOTAYN	WYANDOTTE
RSEIHBERYD ECPDRA	DERBYSHIRE REDCAP
OREHD ADSNLI EIWHT	RHODE ISLAND WHITE
ILANGBE CE'CUDL	BELGIAN D'UCCLE
KYOMAOAH	YOKOHAMA
LDO GSHENLI AEGM	OLD ENGLISH GAME
YCEBKUE	BUCKEYE
AEVNLRDEEKL	LAKENVELDER
FLCOIAIANR RYGA	CALIFORNIA GRAY
LIISEK	SILKIE
DBIHRY	HYBRID
APENESAJ AATBMN	JAPANESE BANTAM

Scrambled Chickens #4 - Solution

Decode the chicken hidden in the puzzles.

OYAANG NCHICO	NAGOYA COCHIN
AKDNE EKNC	NAKED NECK
RNBVADEEERL	BARNEVELDER
IDWSSHE WFEORL ENH	SWEDISH FLOWER HEN
NPOGRNIOT	ORPINGTON
UELB ENH FO AREWALED	BLUE HEN OF DELAWARE
EOBDTO TMBANA	BOOTED BANTAM
RTLPURASAO	AUSTRALORP
BGTERSIH	SEBRIGHT
RNAEMAIC MEAG	AMERICAN GAME
ZRXBUEAIBE	BARBEZIEUX
UYACABLA	CUBALAYA
IRMAENCA NGOL RECOWR	AMERICAN LONG CROWER
CHYNONEP	PYNCHEON

Chick Mixer #1 - Solution

Decode the chicken-centric term hidden in the puzzles.

Puzzle	Solution
FYLFUF TSBUT	FLUFFY BUTTS
CENICKH TLLIET	CHICKEN LITTLE
KNCEDEPHE	HENPECKED
KICEHNC CDAEN	CHICKEN DANCE
SALESHDE KINCHCE	HEADLESS CHICKEN
HCCKI ANETMG	CHICK MAGNET
YNNHE NNYEP	HENNY PENNY
YCRAZ HNCEICK ADYL	CRAZY CHICKEN LADY
YLA NA GGE	LAY AN EGG
EH SI A DOGO GGE	HE IS A GOOD EGG
FICGOKHTC	COCKFIGHT
ELGEDFDLF-LYU	FULLY-FLEDGED
IEHKCNC ESLG	CHICKEN LEGS
IRDB RNBAI	BIRD BRAIN

Chick Mixer #2 - Solution

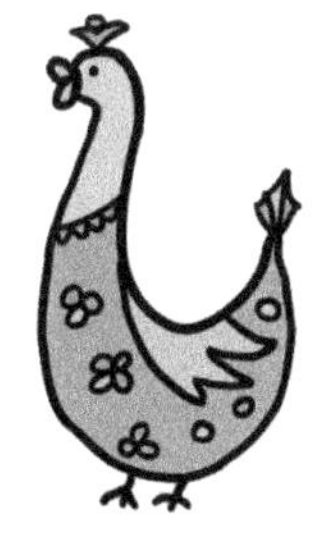

Decode the chicken-centric term hidden in the puzzles.

Puzzle	Solution
LHFA KCEDCO	HALF COCKED
FEDRUFL MSEO HSERTEAF	RUFFLED SOME FEATHERS
KCHEC LKCFI	CHECK FLICK
REOV SYAE	OVER EASY
ENH TPAYR	HEN PARTY
ESTN GEG	NEST EGG
YDA DOL KCCHI	DAY OLD CHICK
A DBA GEG	A BAD EGG
MBUD KUCCL	DUMB CLUCK
AKRC-ETDCIEEHHN	CHICKEN-HEARTED
ENH RTIFU	HEN FRUIT
UTJS GWIN TI	JUST WING IT
EFRE GRENA	FREE RANGE

Cooks Corner #1 - Solution

Decode the chicken meal hidden in the puzzles.

VERO SYAE	OVER EASY
NNYSU DSEI PU	SUNNY SIDE UP
BADRLECMS GSEG	SCRAMBLED EGGS
YIATRKEI IRTS RYF	TERIYAKI STIR FRY
DFERI TEAKS	FRIED STEAK
DLEONO PSOU	NOODLE SOUP
EECURBAB	BARBECUE
OTH INSWG	HOT WINGS
NTESRDE	TENDERS
SRIEFGN	FINGERS
EBRRBU	RUBBER
EFEASCIRS	FRICASSEE

Cooks Corner #2 - Solution

Decode the chicken meal hidden in the puzzles.

Puzzle	Solution
A AL NGIK	A LA KING
EKIEV	KIEVE
UGSGNET	NUGGETS
NPMARASEE	PARMESEAN
ICHQEU	QUICHE
OPRPNCO KCCNEIH	POPCORN CHICKEN
KTIDMSCRU	DRUMSTICK
RALENGE SOST'	GENERAL TSO'S
EUCYNKTK EFDIR	KENTUCKY FRIED
EESECH LEMTOE	CHEESE OMELET
OTH SWING	HOT WINGS
EIKNCHC EFTE	CHICKEN FEET
DAEHPCO GSEG	POACHED EGGS

A Fowl Mixer - Solution

Decode the poultry cousins in the puzzles.

LREACBAN ESGOO	BARNACLE GOOSE
CAKLB ASNW	BLACK SWAN
IREED KDUC	EIDER DUCK
ADGITRREP	PARTRIDGE
AAADCN OSEOG	CANADA GOOSE
LDAARLM	MALLARD
MNCOOM IAQLU	COMMON QUAIL
ROUEGS	GROUSE
ASMHR ENH	MARSH HEN
NSFLOIUGEAW	GUINEAFOWLS
OYVMUCS KCDU	MUSCOVY DUCK
ILDW UKEYTR	WILD TURKEY
HRPWOOE WANS	WHOOPER SWAN
DRE ULEFNOJWLG	RED JUNGLEFOWL
COPCAKE	PEACOCK

Crossword Solutions

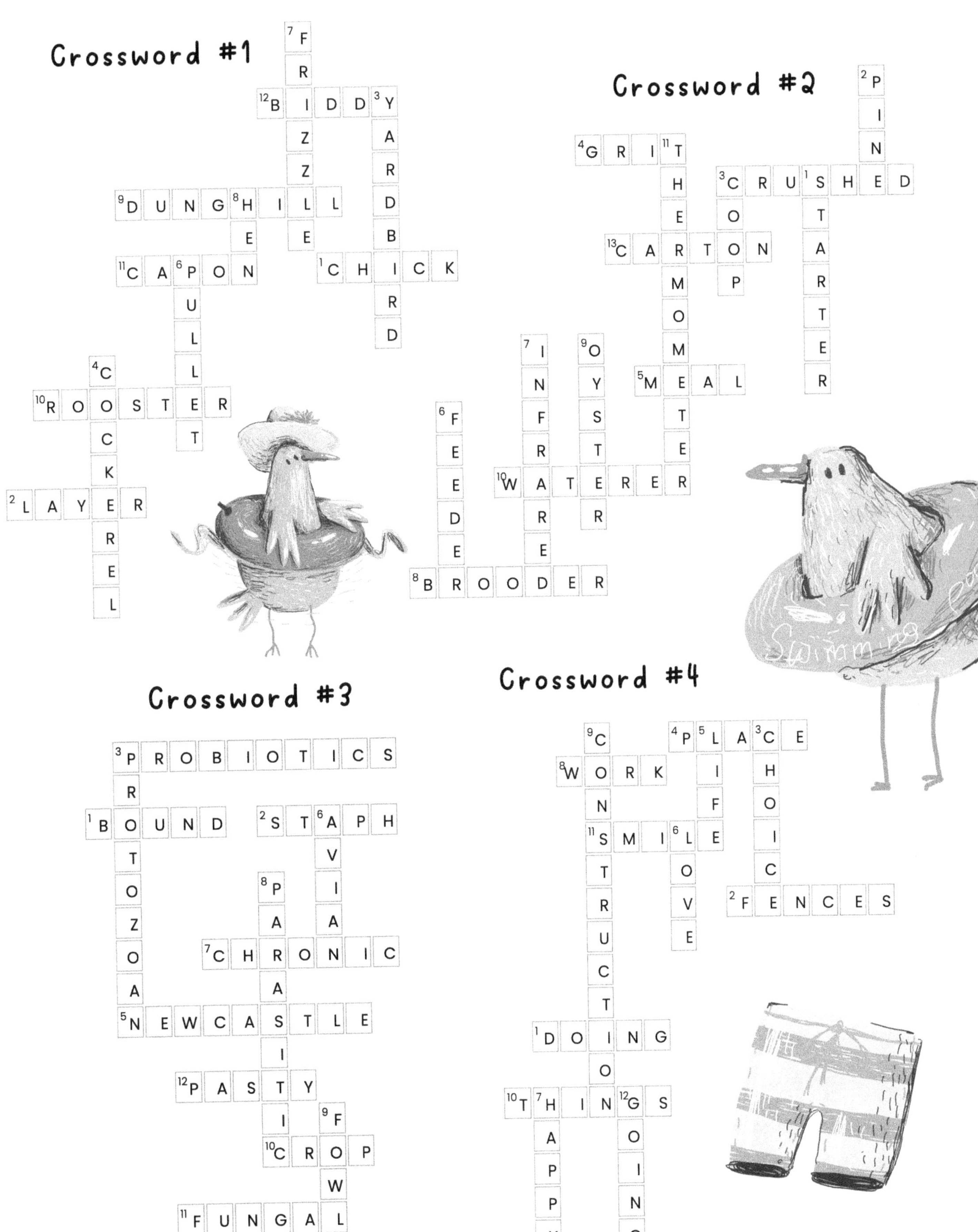

Crossword Solutions

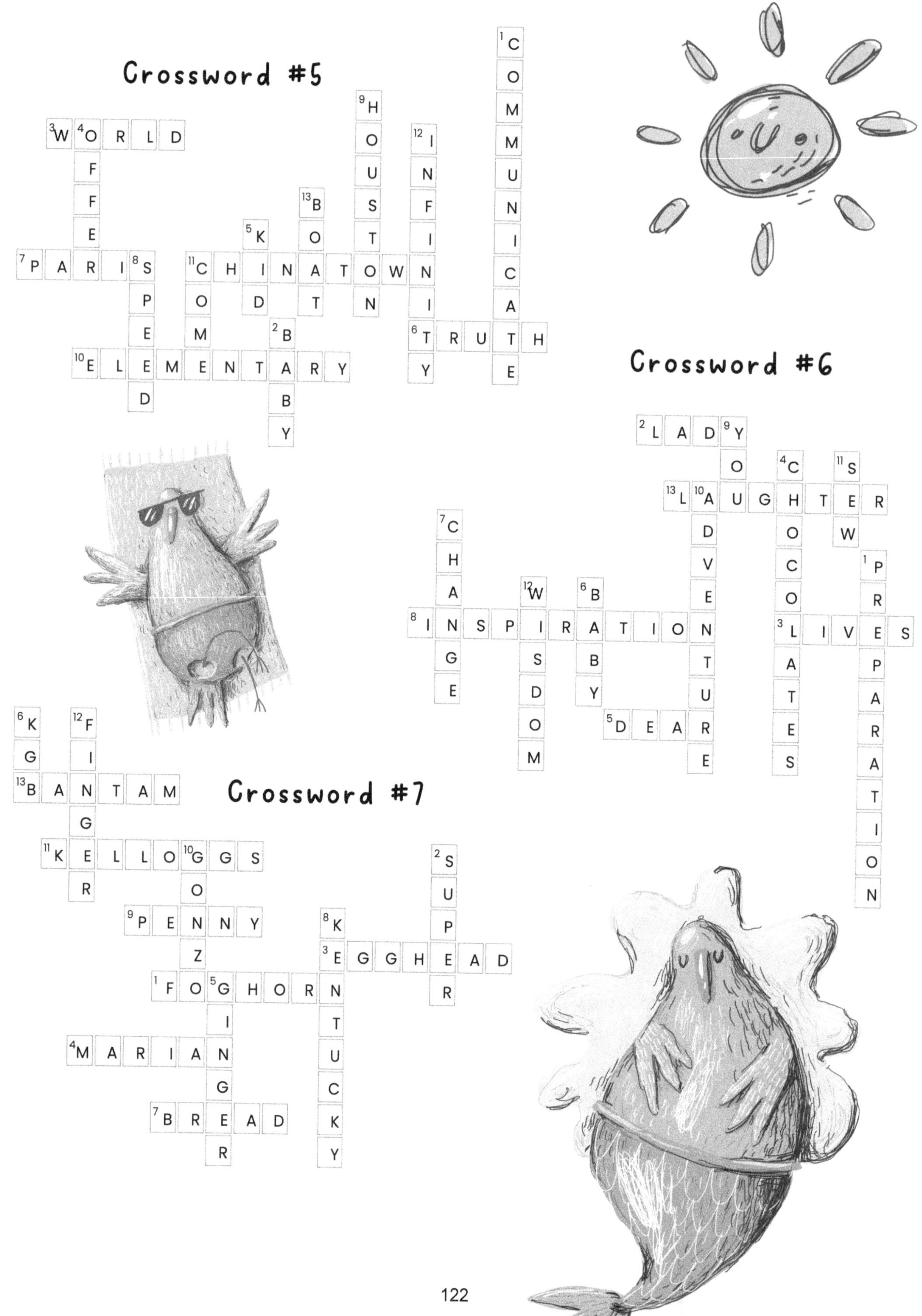

Crossword Solutions

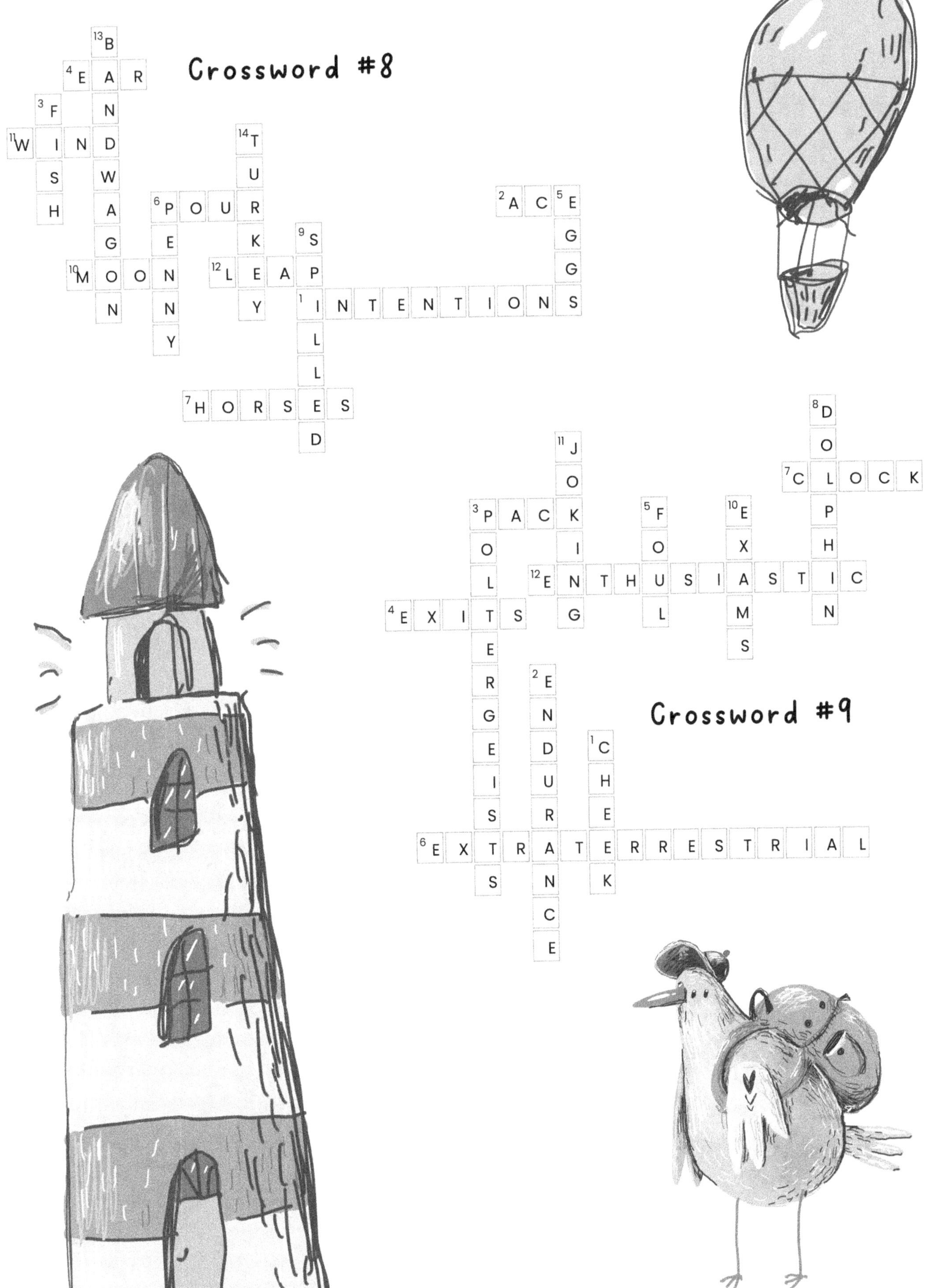

Coop Cryptogram - Solutions

1. IT MAY BE THE COCK THAT CROWS, BUT IT IS THE HEN THAT LAYS THE EGGS. - Margaret Thatcher

2. I DREAM OF A BETTER TOMORROW, WHERE CHICKENS CAN CROSS THE ROAD AND NOT BE QUESTIONED ABOUT THEIR MOTIVES. - Ralph Waldo Emerson

3. A HEN IS ONLY AN EGG'S WAY OF MAKING ANOTHER EGG. - Samuel Butler

4. IT IS EASIER TO GET A CHICKEN BACK IN THE EGG THAN TO UNDO A SLANDER. - Chinese Proverb

5. RELIGION IS NO MORE THE PARENT OF MORALITY THAN AN INCUBATOR IS THE MOTHER OF A CHICKEN. - Lemuel K. Washburn

6. DO NOT COUNT YOUR CHICKENS BEFORE THEY ARE HATCHED. - Aesop

7. I'LL CHANGE YOU FROM A ROOSTER TO A HEN WITH ONE SHOT! - Dolly Parton

8. BETTER TO BE THE BEAK OF A CHICKEN THAN THE RUMP OF AN OX. - Chinese Proverb

9. DO NOT PUT ALL YOUR EGGS IN ONE BASKET. - Warren Buffett

10. AN OVERCROWDED CHICKEN FARM PRODUCES FEWER EGGS. - Chinese Proverb

11. STEAL A CHICKEN IF YOU GET A CHANCE, HUCK, BECAUSE IF YOU DON'T WANT IT, SOMEONE ELSE DOES AND A GOOD DEED AIN'T NEVER FORGOTTEN. - Mark Twain

12. MAIZE CANNOT GET JUSTICE IN A CHICKEN'S COURT. - African Proverb

13. SINS, LIKE CHICKENS, COME HOME TO ROOST. - Charles W. Chesnutt

14. FLY LOW AND FEED WITH THE CHICKENS OR SOAR HIGH AND DANCE WITH THE EAGLES. - Dr. Lucas D. Shallua

Maze Solutions

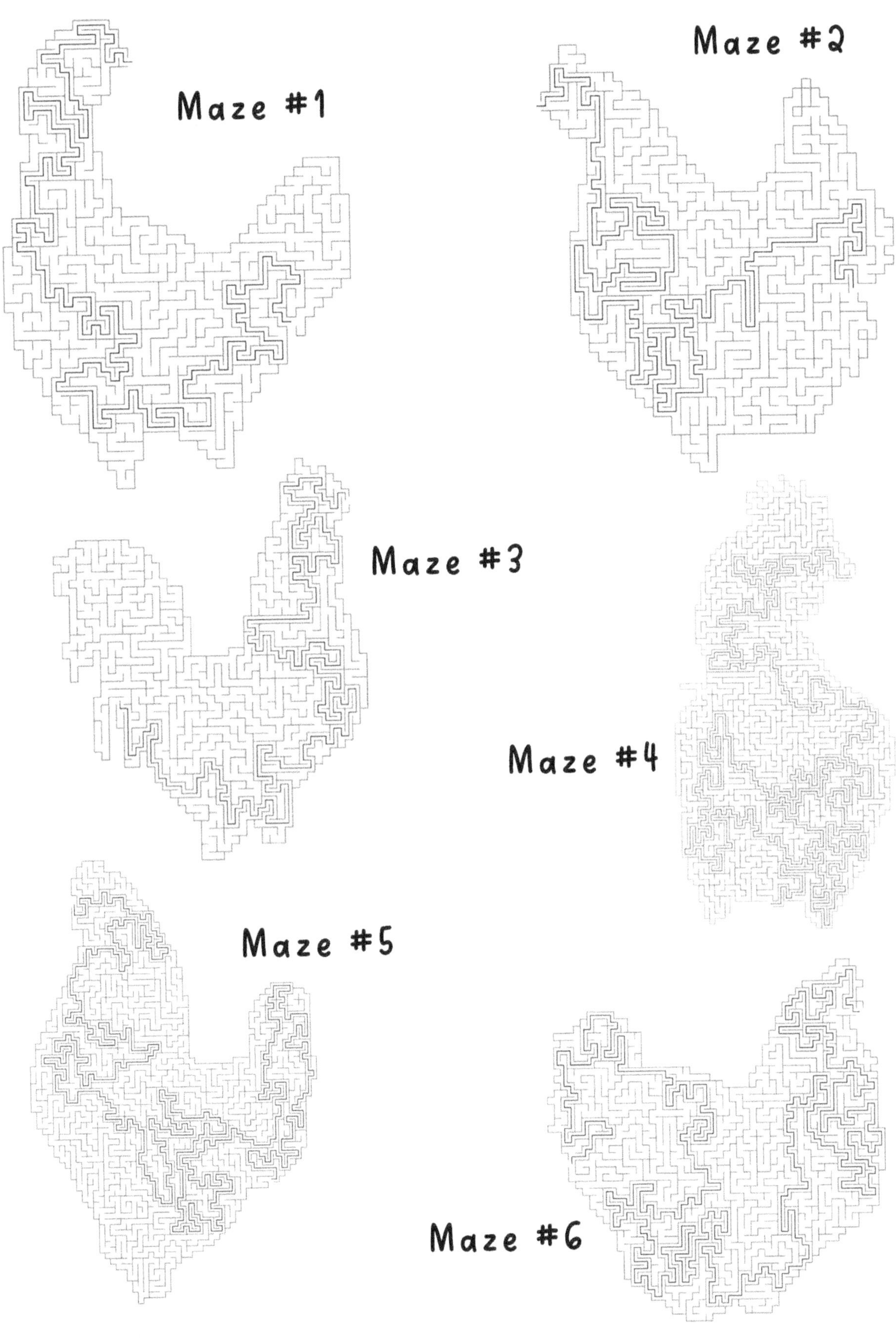

Maze Solutions

Maze #7

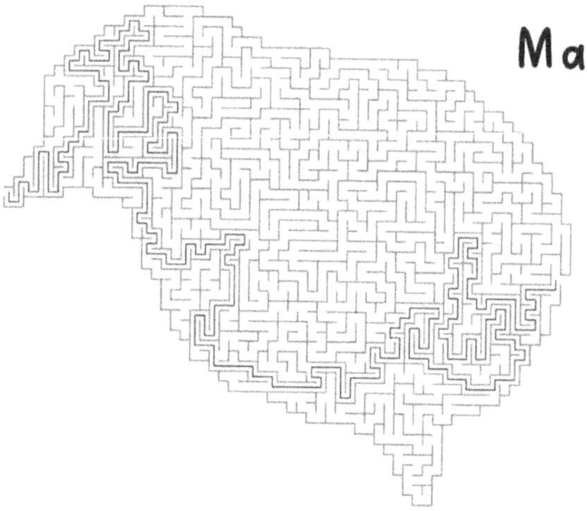

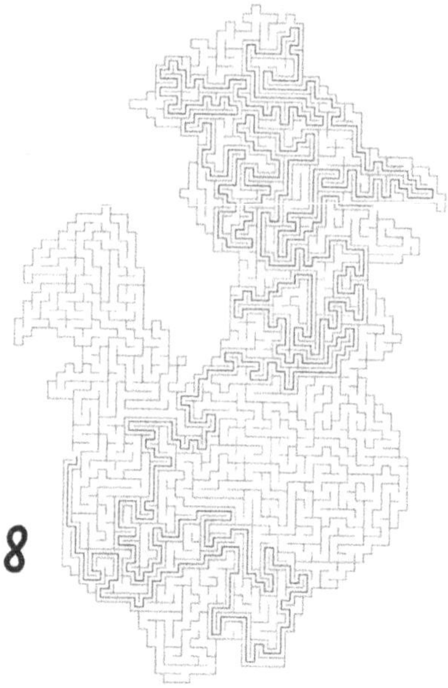

Maze #8

Maze #9

Maze #10

Maze #11

Cock-A-Doodle-Duo #1

Draw lines to match each chicken to its twin.

Cock-A-Doodle-Duo #2

Draw lines to match each image to its twin.

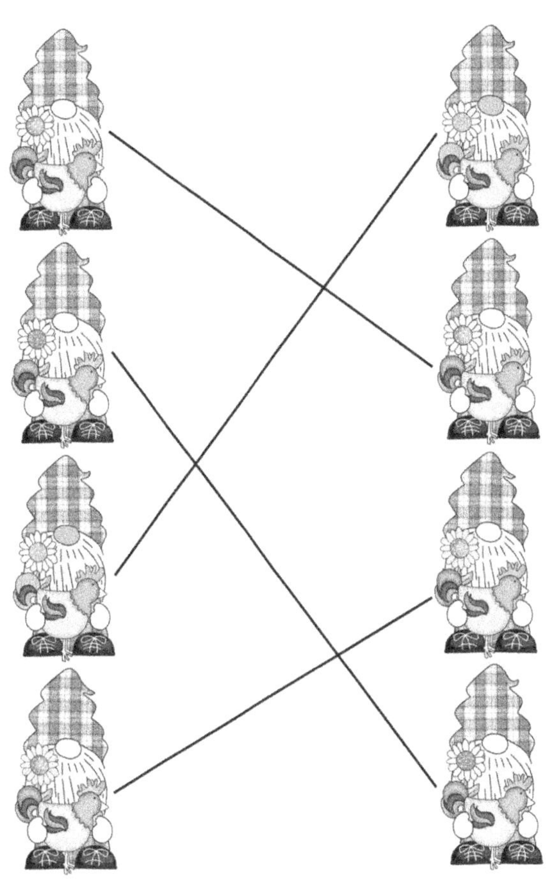

Birds of a Feather #1

Circle the two images that are identical.

Birds of a Feather #2

Circle the three chickens that are identical.

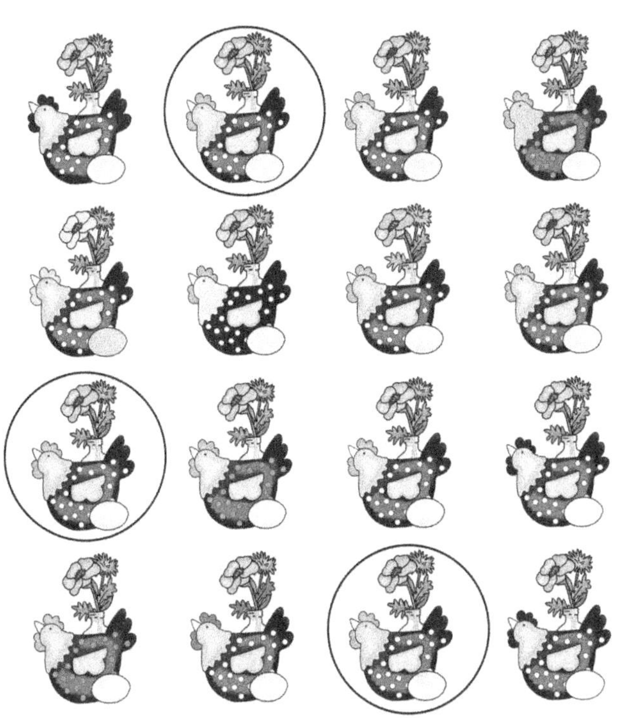

Find the
10 eggs
Find the 10
Escaped Chicks

Spot the Difference #1

Spot the Difference #2

Count Your Chickens. There are 25 chickens in the picture.

Double Puzzle #1 - Solution

Scrambled	Solution
RBDSI FO A FHEETAR	BIRDS OF A FEATHER (O=30, H=12)
WTH'AS PU CECHIKN U?TBT	WHAT'S UP CHICKEN BUTT? (H=2, U=25, C=11, C=14, B=19, ?=1)
FAREEINTHG RYOU TNES	FEATHERING YOUR NEST (F=24, H=28, R=22, N=17, Y=9, S=33)
HOW USRLE HET ROSTO?	WHO RULES THE ROOST? (U=6, E=16, S=26, H=29)
HAESK A ALTI FATHEER	SHAKE A TAIL FEATHER (K=15, A=32)
THCHA NA AIDE	HATCH AN IDEA (I=13)
ROODB REOV TI	BROOD OVER IT
RLFUFE MSEO FEERTHAS	RUFFLE SOME FEATHERS (F=5, M=31, E=3)
EH SI RVYE YCCOK	HE IS VERY COCKY (K=8, Y=20)
FINSSUG IKEL NA DOL NHE	FUSSING LIKE AN OLD HEN (U=23, N=7)

THE FUNKY CHICKEN BY RUFUS THOMAS

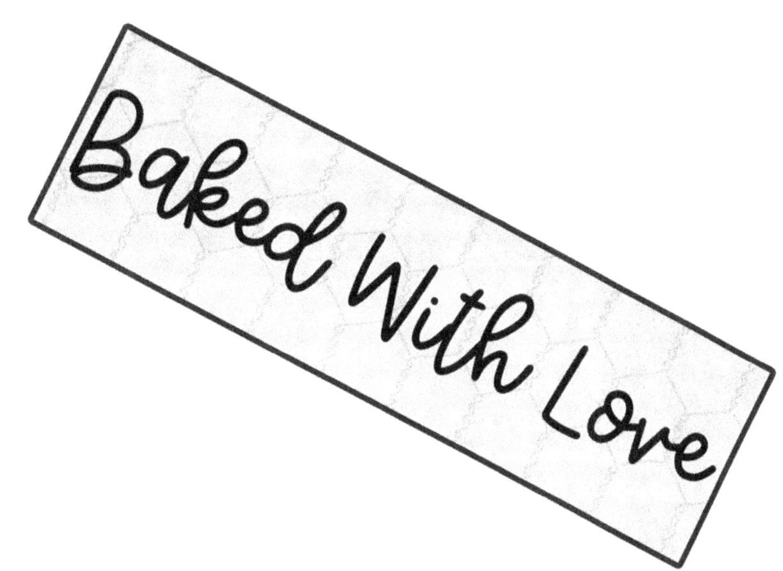

Double Puzzle #2 - Solution

Scrambled	Solution	Numbers
Y'ORUE ON SIPNRG	YOU'RE NO SPRING	23, 1, 20
CCHEIKN	CHICKEN	4
MDEADR HNTA A ETW NHE	MADDER THAN A WET HEN	34, 15, 7, 37
XFO NI ETH NHE EUHOS	FOX IN THE HEN HOUSE	29, 11, 17, 40, 26, 19
SATRCCH NDA ECKP	SCRATCH AND PECK	10, 2
OG CKUS NA GGE	GO SUCK AN EGG	35, 16, 39
KCCO FO ETH KLWA	COCK OF THE WALK	14, 18, 32, 3
UTJS GNWI TI	JUST WING IT	25, 9
FIEENLG COEOPD PU	FEELING COOPED UP	38
A LLITTE IRDB LDOT EM	A LITTLE BIRD TOLD ME	27, 22, 12, 5
WTCHEAD CKNHEICS ERNVE YLA	WATCHED CHICKENS NEVER LAY	30, 41, 31

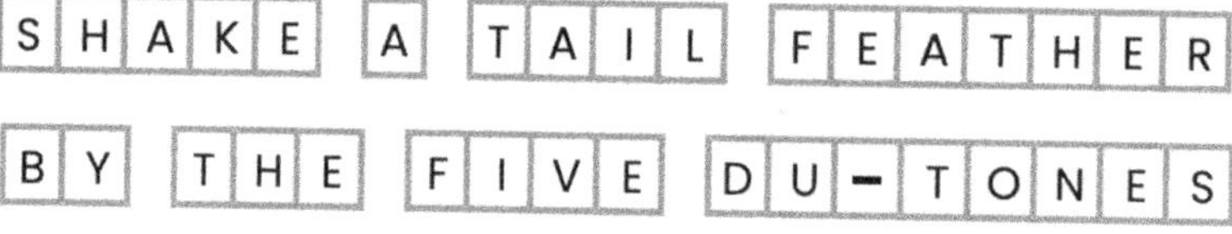

Double Puzzle #3 - Solution

Scrambled	Solution	Numbers
GEG NO RYOU AEFC	EGG ON YOUR FACE	U=28, E=25
IRSEA UYRO HELAKCS	RAISE YOUR HACKLES	R=18, I=2, E=6, Y=21, S=40
WNALKIG NO ESLGEGLHS	WALKING ON EGGSHELLS	L=1, G=33, S=35, L=5, L=30, S=15
TSAE KEIL A DBIR	EATS LIKE A BIRD	T=16, I=31, B=20, R=8, D=10
A CECHIKN NI YEVER TPO	A CHICKEN IN EVERY POT	H=24, N=32, O=13, T=4
GEG NDA OSONP ACER	EGG AND SPOON RACE	R=27
EH LWFE ETH OCPO	HE FLEW THE COOP	E=17, L=29, E=9, T=3, O=37, P=14
A RBDI NI HET DHAN	A BIRD IN THE HAND	R=12, T=23, N=38
RBUEBR CEKHCIN DEINNR	RUBBER CHICKEN DINNER	E=39

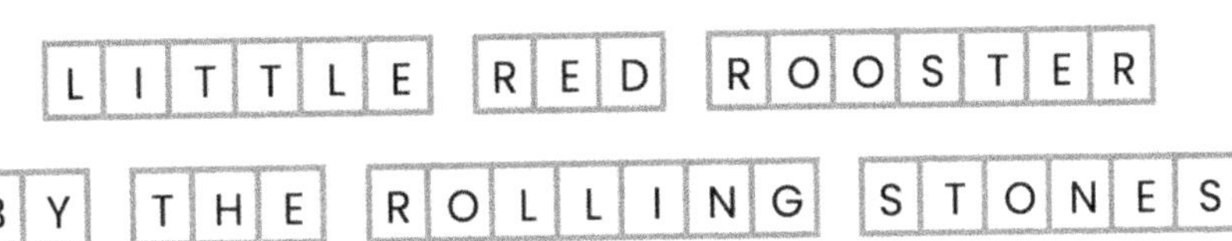

Double Puzzle #4 - Solution

Scrambled	Solution	Numbers
LNAYIG EEDF	LAYING FEED	L 2, A 26, Y 50, N 31; E 34, D 54
CKERCEOL	COCKEREL	C 40, K 44, E 69
IKHCC OOTHT	CHICK TOOTH	C 58, H 65, C 43; O 16, T 15
PIIPNPG	PIPPING	G 33
STUD AHBT	DUST BATH	B 49, A 74, T 8, H 11
CCLUTH	CLUTCH	C 1
FNATUION	FOUNTAIN	U 3, A 53
SETATRR EFDE	STARTER FEED	T 28, A 23, R 38; E 73
BIDORNOG PIEORD	BROODING PERIOD	D 75, I 60; E 12, R 52
CKEICHN RWEI	CHICKEN WIRE	H 41, E 29, N 46; W 22, I 20, E 30
NCSTEALWE DSEAISE	NEWCASTLE DISEASE	C 4, A 7, E 45; I 66, E 37, S 76, E 62
CCCDOSIIIOS	COCCIDIOSIS	O 56, I 42
SU-TRRAIHTGN CCKIHS	STRAIGHT-RUN CHICKS	S 24, A 32, N 17; C 64, H 72, S 5
MBOSC DAN WLEATTS	COMBS AND WATTLES	C 67, M 14; N 70; W 36, A 57, T 59, E 39
HIKCC THTOO	CHICK TOOTH	I 55, K 68; T 10

CLUCK AT THE MOON (I WAS A TEENAGE WERECHICKEN) BY RADIOACTIVE CHICKEN HEADS

Double Puzzle #5 - Solution

Scrambled	Solution	Numbers
CCLKU RERGOS	CLUCK ROGERS	5
PKEERHEACD	PECKERHEAD	9, 6
RYAM PIONOPKS	MARY POOPKINS	33, 13
GBI RBDI	BIG BIRD	16
AERBLT ESTEGIGN	ALBERT EGGSTEIN	22, 3, 34, 1, 10
OLYOK OON	YOLKO ONO	20
CENLOOL SNDRAES	COLONEL SANDERS	19, 17, 26, 28, 18, 14
NYEHN ENNYP	HENNY PENNY	29, 23
FRHOOGN LGORHEN	FOGHORN LEGHORN	11, 35
JLUUIS CSAEER	JULIUS CAESER	25, 7, 32
MHOETR CKEUCLR	MOTHER CLUCKER	2
PRAHO HNFREEY	OPRAH HENFREY	27, 30
IIDEX HICKC	DIXIE CHICK	8

THE CHICKEN IN BLACK

BY JOHNNY CASH

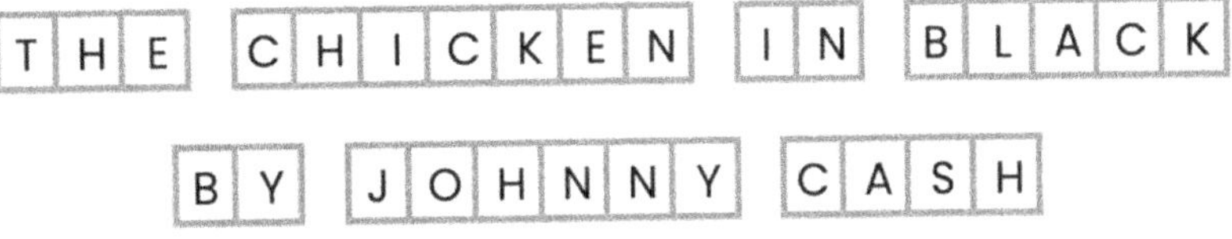

Match Game a la Chicken - Solutions

#1 Chicken Halves

Red = Star
Easter = Egger
Naked = Neck
Scots = Dumpy
Egyptian = Fayoumi
Old English = Game
Norfolk = Grey
Sicilian = Buttercup
Plymouth = Rock
Speckled = Ranger
Cream = Legbar
Swedish = Flower Hen
Red = Shaver
Ayam = Cemani
Marsh = Daisy
Whiting = True Blue
Cinnamon = Queen
Rosecomb = Bantam

#2 Country of Origin

Australia = Australorp
Chile = Araucanas
Germany = Bielefelder2
Turkey = Sultan
Spain = Andalusian
England = Orpington
Italy = Gallina di Saluzzo
Namibia = Ovambo
United States = Buckeye
Canada = Chantecler
France = Maran
Netherlands = Welsummer
Brazil = Índio Gigante
Sweden = Isbar
Japan = Shamo
Malaysia = Serama
Switzerland = Appenzeller

#3 Taxonomy

Kingdom = Animalia
Phylum = Chordata
Class = Aves
Order = Galliformes
Family = Phasianidae
Genus = Gallus
Green Junglefowl = G. Varius
Grey Junglefowl = G. Sonneratii
Red Junglefowl = Gallus gallus
Ceylon Junglefowl = G. Lafayetii

Match Game a la Chicken - Solutions

#4 Landfowl Matching

Golden = Pheasant
Swamp = Francolin
Caspian = Snowcock
Wild = Turkey
Himalayan = Monal
Helmeted = Guineafowl
Indian = Peafowl
Australian = Brush-turkey
Western = Capercaillie
Grey = Partridge
Greater = Prairie-Chicken
Black = Grouse
Painted = Bush-Quail
California = Quail
Wattled = Guan
Yellow-knobbed = Curassow

#5 Bilingual Chicks

Hawaiian = Moa
Vietnamese = Gà
Slovak = Kura
Spanish = Pollo
French = Poulet
Creole = Poul
Norwegian = Kylling
Afrikaans = Hoender
Russian = Kuritsa
German = Hähnchen
Turkish = Tavuk
Filipino = Manok
Swahili = Kuku
Latin = Pullum
Swedish = Kyckling
Portuguese = Frango
Scottish Gaelic = Cearc

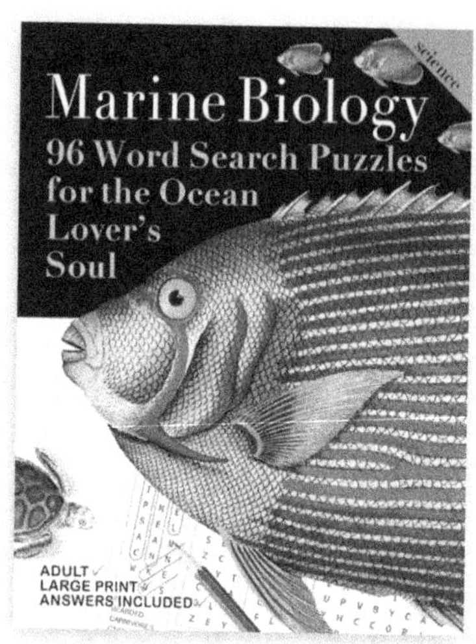

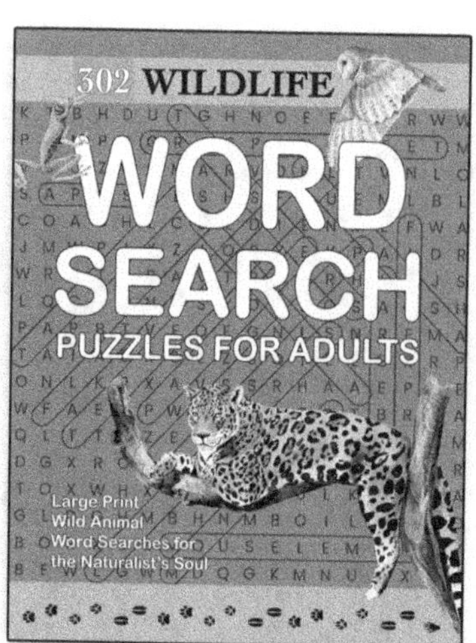

Discover these great activity books by Nola Lee Kelsey at www.SoggyNomadPress.com

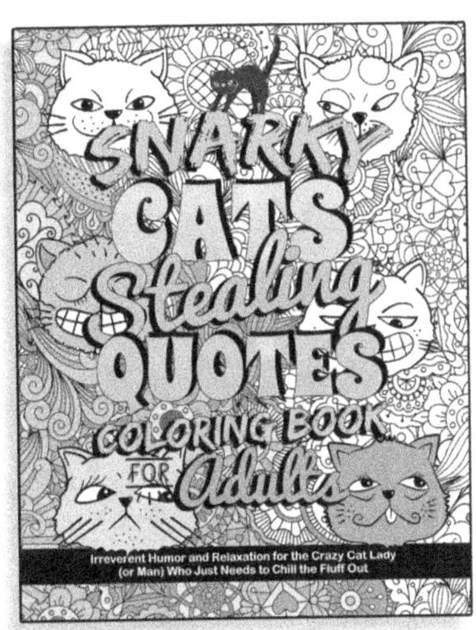

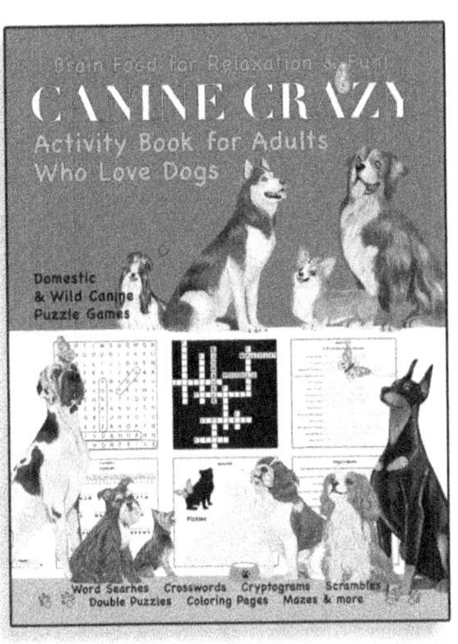

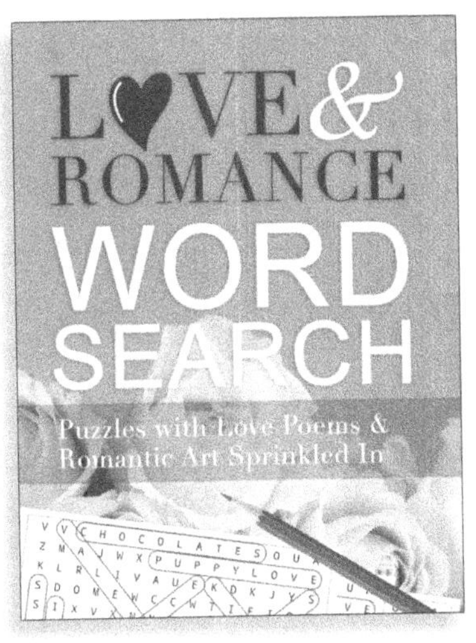

Discover these great activity books by
Nola Lee Kelsey
www.SoggyNomadPress.com

Support Small Press Publications

www.ingramcontent.com/pod-product-compliance
Lightning Source LLC
Chambersburg PA
CBHW081331120626
46546CB00011B/3302

* 9 7 8 1 9 5 7 5 3 2 2 7 1 *